EL LIBRO DE JASER

Una guía través los antiguos apócrifos
hebreos

Judah Sam Israel

Tabla de contenido

INTRODUCCIÓN

El misterio del libro de Jaser: por qué es importante hoy

El Libro de Jaser ocupa un lugar único en el estudio de los textos hebreos antiguos y la literatura bíblica. Su importancia surge de su naturaleza intrigante como libro mencionado en la Biblia pero no incluido en el canon bíblico tradicional. La Biblia hace referencia a él dos veces, en Josué 10:13 y 2 Samuel 1:18, lo que sugiere su existencia como texto autorizado durante la antigüedad. Estas referencias invitan a preguntas sobre su contenido, propósito y por qué no es parte de la Biblia hoy. Este misterio ha despertado la curiosidad entre eruditos, teólogos y creyentes durante siglos.

El Libro de Jaser a menudo se describe como un texto histórico que relata eventos bíblicos con mayor detalle o desde una perspectiva diferente a la que se encuentra en las Escrituras estándar. Parece centrarse en las vidas de los primeros patriarcas, las historias de la creación y los orígenes de la humanidad. Algunos creen que puede servir como relato complementario, llenando vacíos o proporcionando información adicional sobre narrativas bíblicas bien conocidas. Su narración detallada puede ofrecer una nueva forma de comprender la cultura, los valores y los acontecimientos de la antigüedad, lo que la convierte en un recurso valioso para profundizar el conocimiento del mundo bíblico.

Una de las razones por las que el Libro de Jaser se considera importante es su capacidad para arrojar luz sobre las tradiciones y prácticas que dieron forma a la vida espiritual y cotidiana de los antiguos hebreos. Al explorar este libro, los lectores pueden comprender mejor cómo las personas veían su relación con Dios, sus responsabilidades morales y los desafíos que enfrentaban para preservar su fe. Esta conexión con la historia ayuda a los lectores modernos a apreciar la continuidad y evolución de las enseñanzas espirituales a lo largo del tiempo.

La relevancia del Libro de Jaser para la fe moderna radica en su potencial para inspirar reflexión y discusión. Aunque la mayoría de las tradiciones religiosas no la consideran una escritura divinamente inspirada, ofrece información sobre cómo las primeras comunidades interpretaron la guía divina y documentaron sus experiencias. Para aquellos que buscan explorar las raíces de su fe, el Libro de Jaser proporciona un puente hacia tradiciones y procesos de pensamiento antiguos, enriqueciendo su viaje espiritual.

Desde una perspectiva académica, el Libro de Jaser es valioso por sus contribuciones a los estudios bíblicos y la investigación histórica. Ofrece una lente diferente a través de la cual ver las historias de la Biblia, animando a los lectores a pensar críticamente sobre cómo se preservaron e interpretaron estos relatos a lo largo del tiempo. Además, destaca la complejidad de los textos antiguos, recordándonos que la Biblia es parte de una tradición más amplia de escritos que influyeron en su desarrollo.

Comprender el misterio del Libro de Jaser y su significado permite a los lectores apreciar su lugar en el contexto más amplio de la literatura bíblica. Ya sea que se aborde como una curiosidad histórica, una exploración teológica o un recurso espiritual, el Libro de Jaser nos invita a conectarnos con el pasado mientras reflexionamos sobre las cuestiones perdurables de la fe y la existencia humana.

CAPÍTULO 1

Los orígenes del libro de Jaser

Contexto histórico: rastreando sus raíces

El Libro de Jaser es una pieza fascinante de literatura antigua que ha captado la atención de historiadores, teólogos y lectores curiosos por igual. Sus orígenes están profundamente arraigados en la historia y la cultura del pueblo hebreo, y reflejan una época en la que las tradiciones orales, los textos sagrados y los relatos históricos desempeñaron un papel importante en la preservación de su identidad y fe. Comprender el trasfondo histórico y cultural del Libro de Jaser proporciona información sobre su propósito y el entorno en el que probablemente fue creado.

El pueblo hebreo vivía en un mundo donde contar historias era esencial para preservar su herencia. Mucho antes de la imprenta o incluso de la generalización del lenguaje escrito, las tradiciones orales eran el medio principal para transmitir el conocimiento. Se compartieron historias sobre la creación, los patriarcas y eventos clave como el diluvio o el éxodo de Egipto dentro de las familias y comunidades, asegurando que cada generación entendiera su lugar en el plan de Dios. Estos relatos orales formaron la base de lo que más tarde se convertirían en textos escritos, incluida la Torá y otros escritos importantes.

El nombre "Jaser", que significa "recto" o "justo" en hebreo, nos da una pista sobre el propósito del libro. Probablemente tenía como objetivo resaltar las lecciones morales y espirituales extraídas de la vida de personas justas. Esto se alinea con la práctica cultural más amplia de utilizar historias para enseñar valores como la fidelidad, el coraje y la obediencia a Dios. En una sociedad profundamente conectada con sus raíces espirituales, estas lecciones no eran sólo registros históricos; fueron guías para vivir una vida que honrara su pacto con Dios.

El contexto histórico del Libro de Jaser también está ligado a períodos clave de la historia judía. Durante la época de los patriarcas, figuras como Abraham, Isaac y Jacob moldearon la identidad del pueblo hebreo. Sus viajes, luchas y triunfos fueron vistos como fundamentales para comprender las promesas de Dios. Las historias de este período enfatizaron temas como la justicia divina, la importancia de la fe y los desafíos de mantener una relación cercana con Dios en medio de la adversidad. El Libro de Jaser, como algunos creen, amplió estos temas, proporcionando detalles o perspectivas adicionales sobre narrativas bíblicas familiares.

Otro período crítico que puede haber influido en el Libro de Jaser es la época de la monarquía en Israel. Bajo reyes como David y Salomón, hubo un enfoque renovado en documentar la historia, las leyes y las prácticas religiosas. Esta era vio el surgimiento de escribas y eruditos que comenzaron a compilar y preservar textos importantes. Es posible que el Libro de Jaser fuera parte de este esfuerzo, sirviendo como texto complementario de la Torá y otros escritos sagrados. Su inclusión en esta tradición literaria refleja el alto valor que se otorga a registrar no sólo los acontecimientos sino también las lecciones morales y espirituales que transmiten.

El exilio babilónico, que se produjo mucho más tarde, también jugó un papel importante en la configuración de la literatura judía. Durante este tiempo, el pueblo hebreo enfrentó la pérdida de su patria, su templo y su unidad cultural. En respuesta, hubo un fuerte énfasis en preservar su identidad a través de textos escritos. Si bien es posible que el Libro de Jaser se haya originado antes, este período probablemente reforzó su importancia como una forma de recordar y celebrar su herencia única. El exilio destacó la necesidad de mantener vivas sus historias, incluso cuando vivían en tierras extranjeras.

Culturalmente, los hebreos fueron influenciados por sus interacciones con civilizaciones vecinas como los egipcios, babilonios y cananeos. Estas culturas también valoraban la narración y tenían sus propias tradiciones de registrar la historia y la mitología. Los hebreos, sin embargo, distinguieron sus narrativas al centrarse en su relación con un Dios único y todopoderoso. Esta perspectiva monoteísta moldeó la forma en que contaban sus historias, enfatizando la participación de Dios en la historia humana y su pacto con su pueblo. El Libro de Jaser refleja esta distinción cultural, retratando los acontecimientos a través del lente del propósito y la justicia divinos.

El lenguaje también jugó un papel crucial en la creación del Libro de Jaser. El hebreo antiguo, con su rico vocabulario y estructura poética, era muy adecuado para contar historias. El uso de paralelismo, metáforas y otros recursos literarios ayudó a que estas historias fueran memorables e impactantes. A medida que la cultura hebrea evolucionó, también lo hizo la forma en que se contaban y registraban estas historias. El Libro de Jaser probablemente refleja una combinación de tradiciones orales tempranas y compilaciones escritas posteriores, combinando diferentes estilos y perspectivas en una narrativa cohesiva.

Uno de los misterios perdurables del Libro de Jaser es su condición de texto al que se hace referencia en la Biblia pero no incluido en el canon. Esto sugiere que tenía una autoridad significativa en ciertos círculos, incluso si las tradiciones posteriores no lo consideraban una escritura divinamente inspirada. Sus referencias en Josué y Samuel indican que era conocida y respetada en aquellos tiempos, posiblemente sirviendo como complemento histórico o moral de las enseñanzas centrales de la Torá. Este doble papel como registro histórico y guía espiritual resalta su lugar único en la literatura hebrea antigua.

El trasfondo cultural e histórico del Libro de Jaser también incluye su influencia en las generaciones posteriores. A medida que las comunidades judías se dispersaron y enfrentaron desafíos como la asimilación y la persecución, textos como el Libro de Jaser ayudaron a preservar su identidad distintiva. Al contar las historias de sus antepasados, estos escritos reforzaron un sentido de pertenencia y propósito, recordándoles la fidelidad de Dios a lo largo de la historia. Este legado perdurable subraya la importancia del Libro de Jaser no sólo como un artefacto histórico sino como un testimonio vivo de la resiliencia y la fe del pueblo hebreo.

El Libro de Jaser surge de un rico tapiz de historia y cultura, profundamente conectado con la identidad y los valores del pueblo hebreo. Sus orígenes se encuentran en una época en la que contar historias era esencial para preservar el conocimiento, enseñar la moral y fortalecer la fe. Formado por períodos clave de la historia judía e influenciado por el contexto cultural más amplio del antiguo Cercano Oriente, el Libro de Jaser es un ejemplo notable de cómo la literatura puede tender un puente entre el pasado y el presente, ofreciendo lecciones que continúan inspirando y educando a los lectores de hoy.

El título explicado: ¿Qué significa 'Jasher'?

La palabra "Jasher" se origina del término hebreo "Yashar", que significa "recto", "justo" o "recto". En el contexto de la antigua cultura hebrea, este término conlleva un profundo significado moral y espiritual, y representa un estándar de integridad y vida ética. Por lo tanto, el título del Libro de Jaser sugiere que es un registro de aquellos que vivieron vidas rectas, demostrando rectitud a través de sus acciones y fe. Comprender el significado detrás de este título proporciona una idea de los temas del libro y su papel dentro de la literatura bíblica.

En el pensamiento hebreo antiguo, ser "recto" era más que una virtud personal: era una forma de vida alineada con las leyes y mandamientos de Dios. Esta alineación reflejaba un compromiso con la justicia, la bondad y la devoción a Dios. El concepto de justicia era central en la cosmovisión hebrea e influía en cómo se juzgaba y recordaba a los individuos. Llamar al libro "Jasher" probablemente enfatiza que su contenido se centra en las vidas y hechos de quienes encarnaron estos ideales. Al resaltar la rectitud de sus temas, el libro sirvió como relato histórico y guía moral para sus lectores.

El título también refleja una conexión más profunda con temas bíblicos de justicia y orden divino. A lo largo de la Biblia, figuras como Abraham, Moisés y David son celebradas no sólo por su liderazgo sino también por su dedicación a vivir de una manera que agradaba a Dios. El Libro de Jaser, como su nombre lo indica, parece alinearse con esta tradición, ofreciendo historias detalladas de personas que buscaron la justicia a pesar de los desafíos. Este enfoque en la integridad moral resuena con la narrativa más amplia de la Biblia, que a menudo contrasta los resultados de una vida recta con las consecuencias de la desobediencia y el pecado.

El término "Jasher" también se conecta con la idea de equilibrio y rectitud en un sentido físico, que es paralelo a la estabilidad espiritual. Así como un objeto íntegro es estable y confiable, una persona íntegra es alguien en quien se puede confiar para actuar con integridad y justicia. Esta conexión metafórica refuerza el propósito del libro como testimonio de quienes defendieron estos valores. Sugiere que las historias que contiene no son sólo relatos de acontecimientos históricos, sino ejemplos de cómo vivir una vida que sea a la vez estable y agradable a Dios.

En la literatura bíblica, los nombres y títulos suelen tener un significado simbólico y proporcionan pistas sobre el contenido y el propósito de un texto. El título "Jaser" probablemente indica que el libro tenía como objetivo honrar a aquellos que eran considerados justos en su época. Esto se alinea con las referencias al Libro de Jaser en la propia Biblia, donde se lo cita como fuente de eventos históricos. Por ejemplo, en Josué qaq4q410:13, se menciona el Libro de Jaser en relación con el evento milagroso del sol detenido, evento que resalta la intervención divina y la fidelidad del pueblo de Dios. De manera similar, en 2 Samuel 1:18, se hace referencia a él en el contexto del lamento de David por Saúl y Jonatán, enfatizando temas de lealtad, coraje y respeto.

La elección del título también puede reflejar una práctica cultural más amplia en la antigua sociedad hebrea, donde los nombres y títulos se elegían para resumir la esencia de una persona, lugar o texto. Al nombrar el libro "Jaser", es posible que sus autores o compiladores hayan estado señalando su propósito como registro de vidas y hechos ejemplares. Esta convención de nomenclatura habría hecho que el libro fuera inmediatamente reconocible para su audiencia original como una fuente de inspiración e instrucción.

Otro aspecto de la importancia del título reside en su papel como puente entre la historia y la moral. Al centrarse en las vidas de los rectos, el Libro de Jaser sirve como recordatorio de que la historia no es sólo una serie de acontecimientos sino un tapiz de decisiones, acciones y consecuencias. El título invita a los lectores a reflexionar sobre lo que significa ser justo en sus propias vidas, animándolos a seguir el ejemplo de las figuras que se describen en él. Esta dimensión moral del libro refuerza su relevancia, convirtiéndolo en un recurso atemporal para quienes buscan vivir con integridad.

El significado de "Jasher" también resalta la importancia de contar historias para preservar las lecciones morales y espirituales. En una cultura donde la tradición oral era fundamental, las historias sobre los rectos eran una forma poderosa de enseñar valores y garantizar que se transmitieran a las generaciones futuras. Al compilar estas historias en un texto escrito, el Libro de Jaser no sólo preservó la memoria de sus sujetos sino que también proporcionó una guía duradera para quienes intentaron emular su ejemplo. Esta doble función como registro histórico y guía moral subraya la importancia del título.

El enfoque en la rectitud en el Libro de Jaser se alinea con su papel potencial como suplemento de la Biblia. Si bien la Biblia proporciona una narrativa general de la relación de Dios con la humanidad, el Libro de Jaser puede ofrecer detalles o perspectivas adicionales sobre eventos e individuos específicos. Al resaltar la justicia de sus súbditos, complementa el énfasis de la Biblia en la importancia de vivir de acuerdo con la voluntad de Dios. Esta conexión temática realza el valor del libro como herramienta para comprender y aplicar los principios bíblicos.

El título "Jasher" resume la esencia del libro como una celebración de la vida recta. Arraigado en el concepto hebreo de justicia, refleja los ideales morales y espirituales que eran centrales para el pueblo hebreo. Al centrarse en las vidas y los hechos de los justos, el Libro de Jaser sirve como registro histórico y fuente de inspiración. Su título invita a los lectores a explorar las lecciones perdurables de integridad, fe y justicia, lo que lo convierte en una valiosa adición a la rica tradición de la literatura bíblica.

Referencias antiguas: menciones en la Biblia

tEl Libro de Jaser, aunque no está incluido en la Biblia canónica, se menciona explícitamente en dos pasajes importantes: Josué 10:13 y 2 Samuel 1:18. Estas referencias brindan información valiosa sobre la importancia histórica y literaria del Libro de Jaser, arrojando luz sobre su papel en la cultura hebrea antigua y la historia bíblica.

En Josué 10:13, se menciona el libro de Jaser durante el relato de un evento milagroso. Este pasaje describe cómo Josué, liderando a los israelitas en la batalla contra los amorreos, ora para que el sol y la luna se detengan para asegurar la victoria. El texto afirma que "el sol se detuvo y la luna se detuvo, hasta que la nación se vengó de sus enemigos. ¿No está esto escrito en el libro de Jaser? Esta cita indica que el Libro de Jaser contenía un relato detallado de este acontecimiento extraordinario. Al hacer referencia a Jaser, el autor bíblico enfatiza la historicidad del evento, sugiriendo que estaba bien documentado en otra fuente respetada.

El contexto de esta referencia es un momento crucial en la conquista de Canaán por los israelitas. La oración de Josué y la posterior detención del movimiento celestial demuestran la intervención divina a favor de Israel. Mencionar el Libro de Jaser en este contexto subraya su función como texto complementario que narra acontecimientos importantes en la historia de Israel. También destaca la interconexión de los escritos bíblicos y extrabíblicos en la preservación y validación de momentos históricos clave. La cita sugiere que Jasher sirvió como testigo adicional, dando credibilidad y profundidad a la narrativa de la campaña de Josué.

En 2 Samuel 1:18, el libro de Jaser se cita en un contexto muy diferente. Esta referencia aparece en el lamento de David por Saúl y Jonatán después de sus muertes en batalla. David ordena que se enseñe el "Cántico del Arco" al pueblo de Judá y menciona que está escrito en el Libro de Jaser. La Canción del Arco es un tributo conmovedor y poético al rey caído y a su hijo, que expresa dolor y admiración por su valentía y liderazgo. Al citar a Jaser, el texto sugiere que este lamento se conservó en el libro, convirtiéndolo en un depósito de importantes obras literarias e históricas.

La mención de Jaser en 2 Samuel 1:18 proporciona una idea de las prácticas culturales del antiguo Israel, en particular la importancia de registrar y enseñar eventos y expresiones de dolor significativos. El Canto del Arco no sólo recuerda a Saúl y Jonatán, sino que también sirve como herramienta para la unidad y la memoria colectiva. Al preservar esta canción, el Libro de Jaser habría contribuido a garantizar que el legado de estos líderes no fuera olvidado. La referencia también ilustra cómo Jaser podría haber incluido obras poéticas y artísticas además de narrativas históricas.

Ambas referencias sugieren que el Libro de Jaser era muy considerado en la antigüedad como una fuente confiable y respetada. Su mención en estos dos contextos distintos (uno que describe una victoria militar milagrosa y el otro una expresión solemne de duelo) indica la amplitud de su contenido. Esta variedad sugiere que Jaser era más que una simple crónica histórica; también era un depósito cultural y espiritual. Capturó la esencia de la vida israelita, incluidos sus triunfos, luchas y respuestas emocionales a los acontecimientos.

Las implicaciones de estas menciones son significativas. Sugieren que el Libro de Jaser era un texto muy conocido y confiable durante la época de los autores bíblicos. Su contenido se consideró lo suficientemente valioso como para ser citado junto con las Escrituras inspiradas. Esto plantea dudas sobre la relación entre los textos canónicos y no canónicos en el antiguo Israel. La inclusión del Libro de Jaser en estos pasajes bíblicos apunta a una tradición de utilizar múltiples fuentes para documentar e interpretar eventos clave, enriqueciendo la comprensión histórica y teológica de quienes los estudiaron.

Además, estas referencias resaltan la importancia de los registros escritos para preservar la memoria colectiva de un pueblo. En una cultura donde la tradición oral era dominante, la existencia de un texto escrito como el Libro de Jaser demuestra un compromiso con la precisión y la permanencia. Al registrar acontecimientos como la batalla de Josué y el lamento de David, Jaser se aseguró de que esos momentos fueran accesibles para las generaciones futuras. Esto subraya el valor que se otorgaba a la narración y la documentación en la antigua sociedad hebrea.

El uso del Libro de Jaser en estos pasajes también habla de la interconexión de los elementos históricos, literarios y espirituales en la literatura bíblica. La referencia en Josué 10:13 conecta un evento histórico con el poder divino, mientras que la mención en 2 Samuel 1:18 vincula una expresión poética de dolor con una narrativa más amplia de liderazgo y lealtad. En ambos casos, Jaser complementa el texto bíblico, proporcionando capas adicionales de significado y contexto.

Si bien el Libro de Jaser en sí no existe en su forma original, estas menciones bíblicas continúan intrigando a eruditos y lectores por igual. Invitan a explorar lo que pudo haber contenido el libro y cómo pudo haber dado forma a la comprensión de la historia y la teología bíblicas. Las referencias también inspiran preguntas sobre la cultura literaria más amplia del antiguo Israel y las formas en que se utilizaban los textos para documentar, interpretar y preservar las historias de un pueblo.

Las referencias bíblicas al Libro de Jaser en Josué 10:13 y 2 Samuel 1:18 iluminan su papel como texto significativo y respetado en la antigua tradición hebrea. Estas citas revelan la función de Jaser como obra histórica y literaria, que preserva relatos de la intervención divina y las emociones humanas. Al analizar estas menciones, obtenemos una apreciación más profunda de la interconexión de los escritos bíblicos y extrabíblicos, así como del valor duradero de los textos que capturan la esencia de la fe, la historia y la cultura de un pueblo.

CAPÍTULO 2

La estructura narrativa del libro de Jaser

Una reinvención cronológica de los acontecimientos bíblicos

El Libro de Jaser presenta una fascinante narración de conocidas historias bíblicas, ofreciendo una perspectiva única y detalles adicionales que enriquecen las narrativas tradicionales. Entrelaza estos relatos en un marco cohesivo y cronológico, proporcionando una comprensión más amplia de los eventos y sus interconexiones. Su estructura refleja un énfasis en la cronología, lo que ayuda a los lectores a seguir con mayor claridad la progresión de la historia y sus momentos clave.

El Libro de Jaser comienza desde el comienzo mismo de la historia humana, relatando la creación del mundo y las vidas de figuras primitivas como Adán, Eva y sus descendientes. A diferencia de los relatos concisos del Génesis, Jasher amplía estas historias, agregando profundidad a las vidas de estos personajes y los desafíos que enfrentaron. Por ejemplo, profundiza en las vidas de Caín y Abel, ofreciendo más contexto a su relación y al trágico conflicto que terminó con la muerte de Abel. Al hacerlo, crea una descripción más vívida y emocional de estos momentos fundamentales.

Una característica sorprendente del Libro de Jaser es su relato detallado de las vidas de los patriarcas, como Abraham, Isaac y Jacob. Proporciona historias y diálogos adicionales que no se encuentran en la Biblia canónica, brindando a los lectores información sobre sus pensamientos, decisiones y los eventos que dieron forma a sus vidas. Por ejemplo, se explora con mayor profundidad la historia de los primeros años de Abraham, incluida su confrontación con la idolatría y su fe inquebrantable en Dios. Esta narración ampliada ayuda a los lectores a comprender el viaje de fe de Abraham y su papel como figura central en la historia de los israelitas.

El Libro de Jaser también presta especial atención a la historia de José y sus hermanos. Si bien el relato bíblico del Génesis ya es rico en detalles, Jasher añade capas a la narrativa al incluir diálogos y eventos ampliados. Explora la compleja dinámica dentro de la familia de Jacob, destacando las emociones y motivaciones detrás de las acciones de los hermanos. El ascenso de José al poder en Egipto se presenta como parte de un plan divino más amplio, y Jaser enfatiza el papel de Dios al guiar los acontecimientos para cumplir Sus promesas.

Uno de los aspectos más significativos del Libro de Jaser es su tratamiento de importantes acontecimientos históricos como el Gran Diluvio y la Torre de Babel. Estos relatos se presentan con detalles adicionales que brindan un contexto más amplio. Por ejemplo, la historia de Noé y el arca incluye más información sobre la preparación para el diluvio y las interacciones entre Noé y la gente de su tiempo. La narrativa destaca el declive moral y espiritual de la humanidad y ofrece una advertencia sobre las consecuencias de alejarse de Dios.

La Torre de Babel es otro ejemplo donde Jaser amplía la narrativa bíblica. Profundiza en las motivaciones de las personas que construyeron la torre, su deseo de alcanzar los cielos y su desafío a la autoridad de Dios. Al incluir estos detalles, Jaser subraya los temas del orgullo y la importancia de la unidad bajo la guía de Dios. Estos elementos adicionales hacen que la historia sea más identificable y atractiva, ayudando a los lectores a comprender sus lecciones.

La estructura cronológica de Jaser es una de sus características definitorias. A diferencia de la Biblia canónica, que a veces presenta los acontecimientos de forma temática o no lineal, Jaser sigue una línea de tiempo más sencilla. Este enfoque hace que sea más fácil rastrear las conexiones entre eventos y ver cómo un momento lleva a otro. Por ejemplo, la transición de la era patriarcal a la historia de los israelitas en Egipto se presenta sin problemas, mostrando el desarrollo de las promesas de Dios a Abraham a través de generaciones.

El libro también incluye relatos de batallas y personajes históricos, lo que brinda una visión de la dinámica política y social de la antigüedad. Por ejemplo, describe las guerras que libraron los descendientes de Esaú y las alianzas formadas por varias naciones. Estas historias añaden profundidad a la narrativa bíblica y muestran cómo se desarrolló el plan de Dios en medio del conflicto y la ambición humanos. La inclusión de estos relatos refleja el propósito más amplio del libro de documentar la historia y revelar la mano de Dios al guiar a su pueblo.

Además de su narración cronológica, el Libro de Jaser enfatiza las lecciones morales y espirituales contenidas en estas historias. Destaca las consecuencias de la desobediencia y las recompensas de la fidelidad, convirtiéndolo a la vez en un documento histórico y una fuente de orientación ética. Al volver a contar estos eventos de una manera que enfatice su interconexión, Jasher ayuda a los lectores a ver el panorama más amplio del plan de Dios para la humanidad.

La estructura narrativa del Libro de Jaser también refleja el deseo de preservar y transmitir estas historias a las generaciones futuras. Sirve como testimonio de la importancia de recordar y aprender del pasado. Al presentar estos relatos de manera detallada y cronológica, Jasher asegura que los lectores puedan comprender el flujo de la historia y su significado. Este enfoque en la continuidad y el legado subraya el papel del libro como puente entre generaciones, preservando la fe y las tradiciones de los israelitas.

El Libro de Jaser vuelve a contar y reinterpretar las principales historias bíblicas con un enfoque en la cronología y detalles ampliados. Su estructura narrativa permite a los lectores seguir la progresión de la historia y ver cómo cada evento encaja en la historia más amplia de la relación de Dios con la humanidad. Al enriquecer los relatos bíblicos y proporcionar contexto adicional, Jasher ofrece una perspectiva única que profundiza nuestra comprensión de estas historias eternas. A través de su narración detallada, invita a los lectores a reflexionar sobre las lecciones del pasado y los temas perdurables de la fe, la obediencia y la providencia de Dios.

Historias clave: Ampliando el Génesis y el Éxodo

El Libro de Jaser ofrece una perspectiva única sobre muchos eventos fundamentales del Génesis y el Éxodo, ampliándolos con detalles, interpretaciones y contexto adicionales. Estos recuentos brindan información sobre las vidas, las luchas y la fe de figuras bíblicas clave y, a menudo, se centran en lecciones morales y espirituales. Al comparar estas versiones con los relatos canónicos, podemos ver cómo el Libro de Jaser enriquece la narrativa bíblica.

En Génesis, el Libro de Jaser elabora la historia de la creación y las vidas de los primeros humanos, Adán y Eva. Describe sus experiencias con mayor detalle, incluida su adaptación a la vida fuera del Jardín del Edén después de la Caída. También se explora más ampliamente la relación entre Caín y Abel. Mientras que Génesis da un breve relato de los celos de Caín y el trágico asesinato de Abel, Jasher agrega diálogos y motivos que hacen que su historia sea más identificable y compleja. Pinta un cuadro vívido de la lucha interna de Caín y la advertencia divina que recibió antes de sucumbir a su ira, enfatizando las consecuencias de las emociones desenfrenadas.

Otra historia clave ampliada en el Libro de Jaser es la de Noé y el Gran Diluvio. Si bien Génesis proporciona lo esencial (la justicia de Noé, el arca y el diluvio), Jaser incluye contexto adicional sobre los esfuerzos de Noé por advertir a su generación. Describe sus repetidos llamados al arrepentimiento y el desprecio que enfrentó por parte de aquellos que se negaron a creer en el juicio de Dios. Estos detalles resaltan la perseverancia de Noé y la profundidad de la decadencia moral de la humanidad, lo que hace que la historia sea más conmovedora y enfatiza los temas de la justicia y la misericordia divinas.

Las vidas de los patriarcas (Abraham, Isaac y Jacob) reciben considerable atención en el Libro de Jaser. La historia de Abraham, por ejemplo, incluye su confrontación infantil con la idolatría, donde destruye los ídolos en la casa de su padre. Este episodio, ausente en el Génesis, subraya la fe inquebrantable de Abraham y su papel como pionero del monoteísmo. De manera similar, Jaser amplía el casi sacrificio de Isaac, proporcionando más diálogo y emociones entre padre e hijo. Estas adiciones profundizan la narrativa, haciéndola más personal y atractiva.

También se explora con mayor detalle la vida de Jacob, particularmente sus interacciones con Esaú y Labán. El Libro de Jaser incluye conversaciones y eventos extensos que revelan las motivaciones y relaciones de los personajes. Por ejemplo, proporciona contexto adicional a la decisión de Esaú de vender su primogenitura, retratándola como un momento influenciado por el hambre, la impulsividad y la falta de aprecio por las bendiciones espirituales. Estos matices enriquecen nuestra comprensión de la dinámica entre los dos hermanos.

El relato que hace el Libro de Jaser de la historia de José es una de sus secciones más detalladas. Mientras que Génesis describe los sueños, la traición y el eventual ascenso al poder de José en

Egipto, Jaser añade capas a estos eventos. Profundiza en los conflictos internos de los hermanos y ofrece más detalles sobre el tiempo que José pasó en Egipto, incluido su manejo de la hambruna y sus interacciones con el faraón. Al hacerlo, Jasher enfatiza la sabiduría de José y la providencia de Dios al usarlo para salvar a su familia y a la región.

Pasando al Éxodo, el Libro de Jaser amplía el tiempo de los israelitas en Egipto y su viaje hacia la libertad. Proporciona una historia de fondo más rica de la esclavitud de los israelitas, detallando cómo evolucionaron las políticas del faraón y las dificultades específicas que enfrentaron. El nacimiento y los primeros años de vida de Moisés también se describen con mayor profundidad. Por ejemplo, Jaser incluye una historia dramática de cómo el bebé Moisés fue milagrosamente protegido cuando los soldados del Faraón buscaban niños varones para matar. Este relato enfatiza la mano de

Dios al preservar a Moisés para su futuro papel de libertador.

Las plagas de Egipto, que son fundamentales en la historia del Éxodo, también se revisan con detalles añadidos en el Libro de Jaser. Retrata la creciente tensión entre Faraón y Moisés, con diálogos ampliados que resaltan la terquedad del Faraón y el anhelo de libertad de los israelitas. Estas adiciones dan vida a la historia, haciéndola más identificable e impactante para los lectores.

El cruce del Mar Rojo es otro acontecimiento importante donde el Libro de Jaser proporciona un contexto adicional. Mientras que Éxodo describe la milagrosa división del mar y la huida de los israelitas, Jaser incluye más detalles sobre las emociones del pueblo (miedo, duda y asombro) al presenciar este increíble evento. También profundiza en la destrucción del ejército de Faraón, retratándola como un acto definitivo de intervención y justicia divina.

Uno de los aspectos únicos de los relatos del Libro de Jaser es su atención a la cronología y las emociones humanas. Al presentar estas historias de manera detallada y organizada, ayuda a los lectores a ver cómo cada evento se conecta con el siguiente. También enfatiza la fe, el coraje y las luchas de las personas, lo que hace que las historias sean más identificables e inspiradoras. Por ejemplo, el relato de los israelitas vagando por el desierto incluye más detalles sobre sus desafíos y la provisión de Dios, como el maná del cielo y el agua de la roca. Estas adiciones recuerdan a los lectores la fidelidad de Dios y la importancia de la confianza, incluso en tiempos difíciles.

En comparación con la Biblia canónica, el Libro de Jaser no contradice sino que complementa los relatos bíblicos. Sus narrativas ampliadas y detalles adicionales ofrecen una comprensión más rica de los eventos y su significado. Al explorar estas historias a través de la lente de Jasher, los lectores pueden obtener nuevos conocimientos sobre los temas bíblicos de la fe, la obediencia y la guía divina.

Los relatos del Génesis y el Éxodo que hace el Libro de Jaser brindan una perspectiva más profunda y matizada de estas historias fundamentales. Saca a la luz las emociones, los desafíos y las intervenciones divinas que dieron forma a la historia del pueblo de Dios. Al ampliar los relatos bíblicos, Jasher no solo preserva estas historias para las generaciones futuras, sino que también ayuda a los lectores a conectarse con ellas a nivel personal, reforzando su relevancia y sus lecciones eternas.

La lente teológica: percepciones del plan de Dios

El Libro de Jaser ofrece un rico tapiz de ideas teológicas que brindan perspectivas adicionales sobre el plan de Dios para la humanidad. Si bien no es parte del canon bíblico tradicional, complementa muchas enseñanzas bíblicas y enfatiza temas recurrentes de la justicia divina, la misericordia y la providencia. Al examinar su lente teológica, podemos comprender cómo se alinea o difiere de las enseñanzas bíblicas tradicionales.

Una de las ideas teológicas clave del Libro de Jaser es la soberanía de Dios para guiar la historia humana. El texto destaca con frecuencia que Dios no es sólo el Creador sino también un participante activo en la vida de los individuos y las naciones. Esta idea se alinea con la descripción bíblica de Dios como alguien que orquesta los acontecimientos según su voluntad. Historias como las de Noé y el diluvio, el llamado de Abraham y el ascenso al poder de José enfatizan que los planes de Dios son intencionales y sirven a un propósito mayor. Jasher añade profundidad a estas narrativas al incluir más detalles sobre las respuestas de los personajes a la intervención divina, mostrando cómo el libre albedrío humano interactúa con el plan general de Dios.

Otro tema importante en el Libro de Jaser es el concepto de justicia divina. El texto subraya que Dios recompensa la justicia y castiga la maldad, a menudo mediante acciones directas. Por ejemplo, la destrucción de Sodoma y Gomorra en el Libro de Jaser incluye detalles adicionales sobre la corrupción de las ciudades y su desprecio por las leyes de Dios. Estas descripciones refuerzan la enseñanza de la Biblia de que Dios es santo y no puede tolerar el pecado. Sin embargo, Jaser también enfatiza la paciencia y la misericordia de Dios, mostrando cómo a menudo Él brinda oportunidades para el arrepentimiento antes de dictar sentencia. Este equilibrio entre justicia y misericordia es un tema recurrente que refleja la teología bíblica tradicional.

El Libro de Jaser también proporciona información única sobre la relación de pacto entre Dios y Su pueblo elegido. Profundiza en la vida de los patriarcas, retratándolos como individuos que establecieron un vínculo especial con Dios a través de la fe y la obediencia. Abraham, en particular, es representado como un modelo de confianza inquebrantable en las promesas de Dios. Jasher amplía sus interacciones con Dios, ofreciendo contexto adicional a momentos cruciales como la unión de Isaac. Estas ampliaciones enfatizan la idea de que el pacto de Dios no es sólo una promesa de bendiciones sino también un llamado a vivir una vida de fe e integridad.

Una perspectiva teológica notable en el Libro de Jaser es su enfoque en la responsabilidad humana. Si bien reconoce la soberanía de Dios, también resalta la importancia de las decisiones humanas para cumplir los propósitos divinos. Por ejemplo, la historia de José en Jaser enfatiza su fuerza moral y sabiduría al superar las pruebas. Su capacidad para resistir la tentación y mantener su fe en el plan de Dios se presenta como un factor clave en la preservación de su familia y la supervivencia de Egipto durante la hambruna. Esta perspectiva se alinea con las enseñanzas bíblicas sobre la interacción entre la guía divina y la agencia humana.

Un área en la que el Libro de Jaser difiere ligeramente de las enseñanzas bíblicas tradicionales es su enfoque detallado en personajes y eventos específicos. Por ejemplo, proporciona narrativas extensas sobre los descendientes de Caín, las hazañas de Nimrod y las prácticas culturales de las civilizaciones antiguas. Estas adiciones ofrecen un contexto más amplio para comprender los desafíos que enfrenta el pueblo de Dios al mantener su fe. Si bien estas historias no se encuentran en la Biblia canónica, enriquecen las discusiones teológicas al ilustrar las consecuencias de vivir apartados de la guía de Dios.

Las reflexiones teológicas sobre la providencia de Dios también son centrales en el Libro de Jaser. Con frecuencia muestra cómo acontecimientos aparentemente ordinarios son parte de un plan divino. Por ejemplo, Jaser profundiza en los acontecimientos que condujeron a la migración de Jacob a Egipto, retratándolos como orquestados por Dios para cumplir Su promesa a Abraham. Este tema resuena con la comprensión bíblica de Dios como alguien que trabaja a través de la historia para lograr Sus propósitos. Alienta a los lectores a confiar en el plan de Dios, incluso cuando Sus caminos no son inmediatamente claros.

Otro aspecto teológico es la representación de la comunicación divina. El Libro de Jaser incluye casos en los que Dios habla directamente a personas o envía ángeles para entregar mensajes. Estos encuentros refuerzan la idea de que Dios está profundamente involucrado en guiar a su pueblo. El texto también destaca el papel de la oración y el sacrificio como formas para que los humanos se conecten con Dios, enfatizando su importancia para mantener una relación con Él. Esto se alinea con el énfasis bíblico en la adoración y la comunión con Dios.

El Libro de Jaser también arroja luz sobre el papel del liderazgo en el plan de Dios. Figuras como Moisés, Josué y David son representadas como elegidas por Dios para guiar a su pueblo durante momentos críticos de la historia. Sus éxitos y fracasos se muestran como reflejos de su fidelidad a los mandamientos de Dios. Esta perspectiva subraya la enseñanza bíblica de que el verdadero liderazgo implica humildad, obediencia y confianza en Dios.

Si bien el Libro de Jaser se alinea estrechamente con muchos temas bíblicos, también anima a los lectores a pensar críticamente sobre la naturaleza del plan de Dios. Al ampliar las historias bíblicas, invita a una reflexión más profunda sobre cuestiones de moralidad, fe y propósito divino. Por ejemplo, su relato detallado de las pruebas que enfrentaron los israelitas en Egipto resalta la naturaleza duradera de las promesas de Dios, incluso frente al sufrimiento. Esta perspectiva anima a los lectores a confiar en los tiempos de

Dios y a permanecer fieles en circunstancias difíciles.

Las ideas teológicas del Libro de Jaser enriquecen nuestra comprensión del plan de Dios para la humanidad. Se alinean con las enseñanzas bíblicas tradicionales sobre la soberanía, la justicia, la misericordia y la relación de pacto de Dios con su pueblo, al tiempo que brindan detalles adicionales que alientan una reflexión más profunda. Al enfatizar tanto la guía divina como la responsabilidad humana, Jaser ofrece valiosas lecciones sobre la fe, la obediencia y la confianza en los propósitos de Dios. Sus perspectivas únicas lo convierten en un recurso convincente para explorar las verdades eternas de la teología bíblica.

CAPÍTULO 3

La relación entre Jaser y los textos canónicos

Comparando Jaser y la Torá: ¿Qué es diferente?

El Libro de Jaser y la Torá comparten una base común en su enfoque en la historia y las tradiciones del antiguo Israel, pero difieren significativamente en contenido, temas y propósito. Ambos textos ofrecen información sobre las vidas de los patriarcas y eventos clave de la historia bíblica, pero sus enfoques y los detalles que brindan los distinguen. Comprender estas similitudes y diferencias puede ayudarnos a apreciar los distintos roles que cada uno desempeña al explorar la historia de la relación de Dios con la humanidad.

La Torá, también conocida como Pentateuco, está formada por los primeros cinco libros de la Biblia hebrea: Génesis, Éxodo, Levítico, Números y Deuteronomio. Se considera la piedra angular de la teología y la ley religiosa judía. El Libro de Jaser, por otro lado, no forma parte de la Biblia canónica. Si bien afirma relatar muchos de los mismos eventos que la Torá, lo hace con detalles adicionales, narrativas ampliadas y un enfoque en llenar los vacíos en el relato bíblico. Esta diferencia de alcance refleja sus propósitos únicos: la Torá es una guía divinamente inspirada para la fe y la práctica, mientras que Jaser sirve como un texto histórico y moral complementario.

Una diferencia importante entre los dos textos es su estilo narrativo. La Torá a menudo presenta los acontecimientos de una manera directa y concisa, enfatizando su significado teológico y el papel de Dios en la historia humana. En contraste, el Libro de Jaser amplía estas historias con detalles adicionales sobre personajes y eventos. Por ejemplo, en la historia de Abraham, la Torá se centra en su alianza con Dios, destacando su obediencia y fe. Jaser, sin embargo, ofrece un relato más elaborado de los primeros años de vida de Abraham, incluidas sus luchas contra la idolatría en su familia y sociedad. Estas adiciones proporcionan un contexto cultural e histórico que no está incluido explícitamente en la Torá.

Otra distinción clave radica en el tratamiento que dan a ciertas figuras bíblicas. La Torá presenta personajes como Noé, Moisés y David como centrales para el plan de Dios, y a menudo se centra en sus interacciones con Dios y sus roles en el liderazgo de los israelitas. El Libro de Jaser, si bien honra a estas figuras, dedica más atención a los personajes secundarios y sus contribuciones a la narrativa. Por ejemplo, Jaser incluye relatos detallados de las vidas de Esaú, Nimrod y otros individuos mencionados sólo brevemente en la Torá. Este enfoque más amplio enriquece la narrativa al explorar cómo una amplia gama de personas influyeron en el desarrollo de la historia bíblica.

En términos de temas, la Torá enfatiza el pacto, la ley y la relación entre Dios y Su pueblo elegido. Proporciona instrucciones claras sobre la adoración, la moralidad y la vida comunitaria, subrayando la importancia de la obediencia a los mandamientos de Dios. El Libro de Jaser, si bien también aborda temas de la justicia y la providencia divinas, pone mayor énfasis en la narración de historias y las lecciones morales. Sus narrativas ampliadas a menudo resaltan las virtudes de la fe, el coraje y la perseverancia, ofreciendo ejemplos prácticos de cómo las personas pueden vivir de acuerdo con los principios divinos.

A pesar de estas diferencias, existen importantes áreas de superposición entre la Torá y el Libro de Jaser. Ambos textos afirman la soberanía de Dios y su papel activo en la guía de la historia humana. Comparten un enfoque común sobre los patriarcas, incluidos Abraham, Isaac, Jacob y José, y relatan eventos clave como la creación, el diluvio y el éxodo de Egipto. Estos elementos compartidos sugieren que Jaser fue escrito teniendo en cuenta el contenido de la Torá, posiblemente como un esfuerzo por complementar y mejorar la comprensión de sus historias.

Una similitud notable es su representación de Dios como un gobernante justo y misericordioso que recompensa la justicia y castiga la maldad. Ambos textos enfatizan que las acciones humanas tienen consecuencias y que la fidelidad a Dios conduce a bendiciones, mientras que la desobediencia trae juicio. Esta perspectiva teológica compartida refuerza la idea de que el Libro de Jaser, aunque no canónico, se alinea con el mensaje general de la Torá.

Sin embargo, el propósito de cada texto es distinto. La Torá es un documento fundamental para la práctica religiosa y sirve como guía para el culto, la ley y el comportamiento ético. Su autoridad es reconocida en el judaísmo y el cristianismo como escritura divinamente inspirada. El Libro de Jaser, por el contrario, se considera un texto apócrifo, valorado por sus contribuciones históricas y literarias, pero no considerado como autoritario para la doctrina o la práctica. Esta distinción es crucial para comprender por qué la Torá ocupa un lugar central en la tradición religiosa, mientras que Jaser permanece en la periferia.

El lenguaje y la estructura de los dos textos también difieren. La Torá está escrita en un estilo poético y formal que refleja su estatus y propósito sagrados. Su estructura está cuidadosamente organizada para transmitir verdades teológicas y guiar la adoración. Mientras tanto, el Libro de Jaser emplea un enfoque más narrativo, con descripciones vívidas y diálogos detallados. Este estilo lo hace más accesible como texto histórico y moral, pero carece de la precisión y profundidad teológica de la Torá.

El Libro de Jaser y la Torá comparten una conexión profunda a través de su exploración de la historia y la teología bíblicas. Ambos enfatizan la participación de Dios en el mundo y la importancia de vivir según Su voluntad. Sin embargo, sus diferencias en contenido, temas y propósito resaltan el papel único que desempeñan en la comprensión de la historia y la fe del antiguo Israel. La Torá sigue siendo una guía sagrada para la vida religiosa, mientras que el Libro de Jaser sirve como un texto complementario que enriquece nuestra comprensión de la narrativa bíblica a través de sus historias ampliadas y lecciones morales. Juntos, ofrecen una imagen más completa de la relación de Dios con la humanidad.

Adiciones controvertidas: exploración de historias únicas

El Libro de Jaser es conocido por sus narrativas únicas y ampliadas que van más allá de los relatos que se encuentran en la Biblia canónica. Estas adiciones brindan información intrigante sobre la historia bíblica, ofreciendo descripciones más detalladas de eventos y personajes que solo se mencionan brevemente en las Escrituras. Si bien estas historias no son parte del canon aceptado, son importantes porque reflejan los valores culturales y morales de su época y brindan un contexto más amplio para comprender los temas bíblicos.

Una de las adiciones más sorprendentes del Libro de Jaser es el relato detallado de los primeros años de vida de Abraham. En la Biblia, la historia de Abraham comienza con el llamado de Dios a abandonar su tierra natal, enfatizando su fe y obediencia. El Libro de Jaser, sin embargo, ofrece una historia dramática que incluye la confrontación de Abraham con la idolatría en la casa de su padre. Describe cómo Abraham destruyó los ídolos de su padre Taré, lo que provocó su persecución por parte del rey Nimrod. Este relato retrata a Abraham como un intrépido defensor del monoteísmo desde una edad temprana, enfatizando su coraje moral y su inquebrantable devoción a Dios. Estos detalles resaltan la tensión cultural entre el politeísmo y la fe emergente en un solo Dios durante la época de Abraham.

Otra historia única que se encuentra en el Libro de Jaser es la narrativa ampliada de la Torre de Babel. Si bien la Biblia menciona brevemente la construcción de la torre y la intervención de Dios para confundir el lenguaje humano, el Libro de Jaser proporciona detalles adicionales sobre las motivaciones de los constructores y las consecuencias de sus acciones. Describe cómo el pueblo buscó desafiar la autoridad de Dios construyendo una estructura para llegar a los cielos. El texto incluso explica cómo Dios castigó a los trabajadores de manera diferente según su nivel de desafío. Estos detalles añadidos subrayan temas del orgullo humano, la justicia divina y las consecuencias de la rebelión contra la voluntad de Dios.

La historia de Esaú y Jacob también recibe un tratamiento más amplio en el Libro de Jaser. Si bien la Biblia destaca los momentos cruciales de su relación, como la venta de la primogenitura de Esaú y el engaño de Jacob para recibir la bendición de Isaac, Jaser proporciona un contexto adicional. Desarrolla el carácter de Esaú, describiéndolo como un cazador que a menudo actuaba de manera impulsiva y violenta. También incluye un relato de cómo los descendientes de Esaú hicieron la guerra contra la familia de Jacob. Estas adiciones pintan un cuadro más complejo de la rivalidad de Esaú y Jacob, enfatizando las consecuencias a largo plazo de sus elecciones y acciones.

Una adición particularmente intrigante es la descripción de la guerra entre los descendientes de Noé. La Biblia menciona brevemente las naciones que surgieron después del diluvio, pero el Libro de Jaser profundiza en los conflictos y alianzas entre los descendientes de Noé. Relata batallas entre varios grupos, incluido el ascenso y caída de líderes poderosos. Estas historias reflejan las luchas de las sociedades antiguas por establecer el orden y la justicia en un mundo posterior al diluvio. También destacan el tema de la intervención divina, ya que se presenta a Dios guiando los resultados de estos conflictos para cumplir Sus propósitos.

El Libro de Jaser también proporciona un relato ampliado de los acontecimientos que rodearon el éxodo de Egipto. Mientras que la Biblia se centra en Moisés, las plagas y la fuga milagrosa de los israelitas, Jaser añade detalles sobre las interacciones entre los egipcios y los hebreos. Describe cómo la creciente población y fuerza de los israelitas llevaron a la tensión y la opresión, ofreciendo una imagen más completa de la dinámica social en juego. El texto también incluye milagros y señales adicionales realizadas por Moisés, lo que refuerza la idea del papel activo de Dios en la liberación de su pueblo.

La historia de José es otra área donde el Libro de Jaser proporciona ideas únicas. La Biblia relata el ascenso de José de la esclavitud a convertirse en gobernante de Egipto, enfatizando su fe y sabiduría. Jasher agrega más detalles sobre su relación con sus hermanos, su tiempo en prisión y sus estrategias para administrar los recursos de Egipto durante la hambruna. Estas adiciones resaltan las cualidades de liderazgo de José y su confianza en la guía de Dios, presentándolo como un modelo de resiliencia e integridad.

Estas controvertidas adiciones son importantes por varias razones. En primer lugar, reflejan las tradiciones narrativas de las antiguas comunidades judías, que a menudo buscaban llenar vacíos en la narrativa bíblica. Al ampliar historias conocidas, el Libro de Jaser ayuda a los lectores a imaginar las vidas y experiencias de personajes bíblicos con mayor detalle. Estas historias también sirven como lecciones morales, ilustrando virtudes como la fe, el coraje y la humildad, así como las consecuencias del orgullo, la desobediencia y el egoísmo.

Además, las historias únicas del Libro de Jaser brindan un valioso contexto cultural e histórico. Ofrecen vislumbres de los valores, creencias y desafíos de las sociedades que preservaron estas tradiciones. Para los lectores modernos, estas historias pueden profundizar la comprensión de la Biblia al arrojar luz sobre el marco cultural y teológico más amplio en el que fue escrita.

Si bien estas adiciones no son parte del canon bíblico, invitan a los lectores a abordar el texto de manera crítica y reflexiva. Fomentan la exploración de cómo las diferentes comunidades entendieron e interpretaron los eventos bíblicos, fomentando una apreciación más rica de la diversidad dentro de la antigua tradición judía. Las narraciones ampliadas en el Libro de Jaser nos recuerdan que la historia bíblica no se trata solo de eventos sino también de la búsqueda humana duradera por comprender los propósitos de Dios y vivir en armonía con Su voluntad.

El papel de Jaser en la tradición judía y cristiana

El Libro de Jaser, aunque no forma parte del canon bíblico oficial, ha desempeñado un papel fascinante en las tradiciones judías y cristianas a lo largo de los siglos. Sus referencias en la Biblia, especialmente en Josué y 2 Samuel, despertaron la curiosidad entre eruditos, teólogos y creyentes. La forma en que se ha considerado y utilizado varía según el tiempo y los contextos religiosos, lo que refleja diversas interpretaciones y enfoques teológicos.

En la tradición judía, el Libro de Jaser se considera una obra importante de literatura extrabíblica. Los antiguos eruditos judíos valoraban estos textos por su capacidad para proporcionar ideas y explicaciones adicionales sobre acontecimientos bíblicos. Aunque los orígenes exactos del libro siguen siendo inciertos, a menudo se le ha vinculado con la literatura midráshica, un género que amplía las historias bíblicas con comentarios, leyendas y lecciones morales. El título en sí, que significa "Libro de los rectos" o "Libro de los justos", sugiere un enfoque en temas de virtud y piedad.

Las comunidades judías han utilizado el Libro de Jaser para enriquecer su comprensión de la Torá y otros textos bíblicos. Las narrativas adicionales que se encuentran en Jaser a menudo se alinean con las tradiciones judías de narración, cuyo objetivo es llenar los vacíos en la narrativa bíblica. Por ejemplo, la historia ampliada de los primeros años de vida de Abraham, con su dramática postura contra la idolatría, resuena con las enseñanzas judías sobre el monoteísmo y la fe. Estas historias no sólo añaden profundidad a relatos bíblicos bien conocidos, sino que también sirven como herramientas para enseñar valores morales y fomentar un sentido de identidad y herencia.

En la tradición cristiana, el Libro de Jaser ha tenido una recepción más compleja y variada. Los primeros eruditos cristianos, al igual que sus homólogos judíos, estaban intrigados por las referencias a Jaser en la Biblia. Algunos lo vieron como una fuente potencial de conocimientos históricos y teológicos que podrían complementar su comprensión de las Escrituras. Durante el período medieval, el interés por el Libro de Jaser disminuyó entre las comunidades cristianas, a medida que la atención se centró en textos que eran explícitamente reconocidos como canónicos.

Sin embargo, durante el Renacimiento y la Reforma, hubo un resurgimiento del interés por los textos antiguos, incluidos aquellos fuera del canon bíblico. El redescubrimiento y traducción del Libro de Jaser a varios idiomas lo devolvió al centro de atención. Muchos lectores cristianos quedaron fascinados por sus relatos detallados de eventos bíblicos y sus narrativas únicas. El libro a menudo se consideraba un texto histórico y devocional más que una fuente de autoridad doctrinal.

En las tradiciones protestantes, particularmente en los siglos XVIII y XIX, el Libro de Jaser ganó popularidad como suplemento de la Biblia. Con frecuencia se incluía en discusiones sobre historia y cronología bíblica. Algunos lo vieron como evidencia que respaldaba la exactitud y confiabilidad de la Biblia, mientras que otros apreciaron su capacidad para inspirar una reflexión más profunda sobre temas bíblicos. Por ejemplo, los relatos ampliados de personajes como Enoc y Noé proporcionaron a los cristianos vívidos ejemplos de fe y obediencia a Dios.

El papel de Jaser en la enseñanza cristiana a menudo ha estado determinado por su conexión con temas bíblicos clave. Las historias de la creación, los patriarcas y el éxodo que se encuentran en Jaser se alinean con las visiones cristianas de la divina providencia y la historia de la salvación. Sus descripciones detalladas de acontecimientos como la Torre de Babel y las guerras entre los descendientes de Noé se han utilizado para ilustrar las consecuencias del orgullo humano y la importancia de confiar en el plan de Dios.

En tiempos más modernos, el Libro de Jaser ha seguido captando la imaginación de lectores tanto judíos como cristianos. Si bien no se considera una escritura autorizada, a menudo se estudia como una obra histórica y literaria. Muchos lo ven como una valiosa ventana a las creencias y tradiciones de las antiguas comunidades judías. Sus narrativas se utilizan a veces en sermones, estudios bíblicos y educación religiosa para proporcionar contexto e inspiración adicionales.

Las interpretaciones teológicas de Jaser varían ampliamente, lo que refleja la diversidad dentro de las tradiciones judía y cristiana. Algunos lo ven como una fiel narración de la historia bíblica, mientras que otros lo ven como una colección de leyendas y parábolas que transmiten verdades espirituales. Su condición de texto no canónico significa que a menudo se aborda con cautela, pero esto no disminuye su importancia para quienes encuentran significado e inspiración en sus historias.

Tanto en el contexto judío como en el cristiano, el Libro de Jaser sirve como recordatorio de la rica y diversa herencia de la interpretación bíblica. Destaca las formas en que las comunidades a lo largo de la historia han buscado comprender e interactuar con la Biblia. Al explorar sus narrativas y temas, los lectores pueden obtener una apreciación más profunda de las verdades eternas que se encuentran en las Escrituras y las formas creativas en que estas verdades se han expresado y preservado.

CAPÍTULO 4

La confiabilidad histórica del libro de Jaser

Evaluación de manuscritos y variantes textuales

Los manuscritos de textos antiguos brindan una valiosa ventana a la historia, ofreciendo información sobre sus orígenes, cambios a lo largo del tiempo y su viaje a través de diferentes culturas y tradiciones. El estudio de dichos manuscritos implica examinar copias físicas, analizar diferencias textuales y rastrear su contexto histórico. Para textos como Jasher, este proceso ayuda a determinar cómo evolucionó el contenido y qué puede revelar sobre el pasado.

Los manuscritos supervivientes atribuidos a Jaser existen en diversas formas, cada una con características e historias únicas. Estos incluyen textos hebreos, traducciones latinas y versiones en inglés, que a menudo reflejan las influencias de la época y el lugar en que fueron escritos. Cada manuscrito es una pieza de un rompecabezas que contribuye a nuestra comprensión de cómo se transmitió la obra de generación en generación.

Algunos manuscritos tienen sus orígenes en escribas judíos que preservaron el texto en hebreo, adaptándolo para adaptarlo a sus contextos religiosos y culturales. Estas versiones suelen incluir elementos midráshicos, combinando historias bíblicas con lecciones e interpretaciones morales. Otros manuscritos surgieron en círculos cristianos, donde fueron traducidos y adaptados para una audiencia diferente, incorporando a veces perspectivas teológicas exclusivas del cristianismo.

Las diferencias entre estas versiones, conocidas como variantes textuales, son un foco clave para los estudiosos. Las variantes surgen de factores como errores en la copia, cambios intencionales por parte de los escribas y la influencia de las tradiciones orales. Comparar estas diferencias permite a los investigadores reconstruir formas anteriores del texto y comprender las intenciones detrás de alteraciones específicas.

Una variante muy conocida es la edición de 1625 publicada en Venecia, atribuida a un rabino llamado Jacob Ilive. Esta versión, traducida posteriormente al inglés, es popular pero controvertida, ya que algunos estudiosos cuestionan su fidelidad a las fuentes antiguas. Otro manuscrito significativo es el Sefer ha-Yashar, un texto hebreo que incluye narrativas únicas ausentes en otras versiones. El análisis de estas y otras variantes ayuda a los académicos a identificar puntos en común y distinguir el material auténtico de adiciones posteriores.

Determinar la autenticidad implica evaluar la edad, procedencia y contenido de cada manuscrito.

Técnicas como la paleografía, que estudia los estilos de escritura, y la datación por carbono, que mide la edad de los materiales, ayudan a verificar la credibilidad histórica de los manuscritos. Los académicos también examinan características lingüísticas, como el vocabulario y la gramática, para determinar si el idioma se alinea con la era que el texto dice representar.

Además del análisis textual, la evidencia externa juega un papel en la evaluación de la confiabilidad. Las referencias a Jaser en otros documentos históricos, incluidos escritos judíos y cristianos, proporcionan contexto y corroboración. Por ejemplo, las menciones bíblicas en Josué y Samuel sugieren la existencia de un texto venerado con ese nombre, aunque la conexión con los manuscritos supervivientes sigue siendo debatida.

Los desafíos de evaluar estos textos resaltan la complejidad de las antiguas tradiciones literarias. Si bien ningún manuscrito puede considerarse definitivo, cada uno aporta ideas valiosas. Al reunir evidencia de diferentes fuentes, los académicos se esfuerzan por descubrir la esencia original de la obra y su importancia para las comunidades que la preservaron.

Comprender cómo los estudiosos abordan estos manuscritos nos enseña la importancia de preservar la historia reconociendo al mismo tiempo su naturaleza fluida. Textos como Jaser nos recuerdan que los escritos antiguos no son artefactos estáticos sino tradiciones vivas moldeadas por las manos y las mentes de quienes valoraron sus lecciones. A través de un estudio cuidadoso, podemos apreciar su riqueza y obtener una conexión más profunda con las historias y culturas del pasado.

Evidencia de arqueología y fuentes antiguas

Los descubrimientos arqueológicos y las fuentes antiguas son cruciales para comprender la base histórica de los textos antiguos, incluidos los atribuidos a Jaser. Al examinar artefactos materiales, inscripciones y otros registros históricos, los investigadores pueden descubrir conexiones que validan, cuestionan o enriquecen nuestra comprensión de dichos textos. Si bien no existe evidencia arqueológica directa que demuestre la existencia de Jaser en su totalidad, existen pistas en contextos arqueológicos e históricos más amplios que ayudan a enmarcar su narrativa.

Una fuente importante de información proviene de referencias bíblicas, donde se cita a Jaser en el contexto de acontecimientos históricos. Por ejemplo, el Libro de Josué menciona que el sol se detuvo durante una batalla, atribuido al Libro de Jaser. Los arqueólogos han examinado calendarios, inscripciones y registros antiguos de culturas vecinas para evaluar si se observaron fenómenos o eventos similares en otros lugares. Aunque no hay una confirmación directa de este evento, los estudios han demostrado que sucesos celestes, como eclipses o condiciones atmosféricas inusuales, se registraron en el Cercano Oriente, lo que proporciona un telón de fondo cultural para tales narrativas.

La mención de Jaser en 2 Samuel, en el contexto del lamento de David por Saúl y Jonatán, se alinea con la tradición de elogios poéticos en el antiguo Israel. Los hallazgos arqueológicos, como tablillas y pergaminos con lamentaciones similares de la misma región y período, ilustran la importancia cultural de preservar tales obras. Estos paralelos sugieren que incluso si no se conserva el texto exacto de Jaser, su estilo y propósito encajan en una práctica histórica más amplia.

Las inscripciones y artefactos antiguos también ofrecen evidencia indirecta del contexto histórico y cultural descrito en textos como Jaser. Las excavaciones en áreas asociadas con narrativas bíblicas, como Canaán y Mesopotamia, han desenterrado ruinas de ciudades, cerámica y herramientas que corresponden a los períodos de tiempo a los que se hace referencia en la Biblia. Estos hallazgos ayudan a los eruditos a determinar la verosimilitud de ciertos eventos y lugares descritos en Jaser.

Otros textos antiguos de la región proporcionan material comparativo para comprender a Jaser. Por ejemplo, las epopeyas mesopotámicas como la Epopeya de Gilgamesh y otras narrativas regionales contienen paralelos en temas como el heroísmo, la intervención divina y las lecciones morales. Estos textos demuestran que contar cuentos legendarios o semihistóricos era una práctica común. Si Jaser refleja tales tradiciones, es posible que haya tenido un propósito similar: reforzar la identidad cultural, enseñar lecciones morales y preservar la historia.

Otra área de interés arqueológico es el papel de los escribas y las tradiciones orales en la preservación de los textos. La evidencia de antiguas escuelas de escribas y bibliotecas, como las de Ugarit o Mari, revela una tradición muy desarrollada de escritura y mantenimiento de registros. Estos centros produjeron textos que combinaban relatos históricos, códigos legales e historias mitológicas, similares a lo que se podría esperar de Jaser. La existencia de estas tradiciones hace posible que Jaser, tal como se cita en los textos bíblicos, alguna vez fuera una fuente muy conocida y respetada, incluso si ahora se debate su contenido preciso.

Los escépticos suelen cuestionar la historicidad de textos como Jaser debido a la ausencia de evidencia directa. Sin embargo, la falta de copias físicas no niega necesariamente su existencia. Muchos escritos antiguos se perdieron debido a la fragilidad de materiales como el papiro y el pergamino o a la destrucción de bibliotecas con el tiempo. Además, las tradiciones orales, que son anteriores a los registros escritos, desempeñaron un papel vital en la preservación y transmisión de historias, lo que significa que algunas partes de Jaser pueden haberse originado como relatos orales.

A pesar de estos desafíos, el trabajo arqueológico en curso continúa arrojando luz sobre el mundo antiguo. Nuevos descubrimientos, como inscripciones, artefactos o fragmentos de textos antiguos, algún día podrían ofrecer conexiones más concretas con Jaser. Mientras tanto, sus referencias en otras fuentes y su alineación con prácticas históricas más amplias brindan información valiosa sobre sus posibles orígenes e importancia.

El estudio de Jaser a través de la arqueología y fuentes antiguas resalta la interacción entre texto, historia y cultura. Si bien mucho sigue siendo especulativo, el contexto más amplio que lo rodea enriquece nuestra comprensión de las tradiciones y sociedades que valoraban la narración como una forma de preservar la identidad, el patrimonio y la fe. A través de esta lente, Jasher representa más que un libro perdido; es una pieza de un mosaico histórico más amplio que continúa intrigando tanto a eruditos como a creyentes.

Debates entre académicos: ¿auténticos o pseudoepigráficos?

Los eruditos han debatido durante mucho tiempo si el Libro de Jaser es un texto antiguo auténtico o una obra pseudoepigráfica, es decir, un escrito posterior atribuido falsamente a un período o figura histórica. Estas discusiones surgen de sus menciones en la Biblia y de la falta de un manuscrito del texto universalmente aceptado. Ambos lados del debate presentan argumentos convincentes, que añaden capas al misterio que rodea a este enigmático libro.

Los partidarios de la autenticidad del texto suelen señalar sus citas en la Biblia. En el Libro de Josué, se hace referencia a él durante el relato del sol detenido, y en 2 Samuel, se menciona en relación con el lamento de David por Saúl y Jonatán. Estas menciones sugieren que Jaser era una fuente conocida y respetada durante la época en que se escribieron los textos bíblicos. Los defensores argumentan que estas referencias implican la existencia de un libro histórico, probablemente escrito para documentar eventos, genealogías y enseñanzas importantes para la cultura hebrea temprana.

Otro argumento a favor de su autenticidad es la tradición de preservar los textos históricos y religiosos en la antigua sociedad judía. Muchos escritos de este período, como la Torá y los Salmos, se han transmitido meticulosamente de generación en generación. Los partidarios afirman que Jaser podría haber sido parte de esta herencia literaria, pero que luego se perdió debido a trastornos históricos, como la destrucción del Primer y Segundo Templo o el exilio en Babilonia. Creen que es posible que aún se conserven fragmentos o versiones de Jaser en otros manuscritos o tradiciones.

Por otro lado, muchos estudiosos se muestran escépticos sobre la autenticidad del texto y lo categorizan como pseudoepigráfico. Un argumento clave es la ausencia de un manuscrito definitivo de la era bíblica. Las versiones de Jaser disponibles hoy en día, como las publicadas en el siglo XVIII, a menudo se consideran fabricaciones o reinterpretaciones posteriores. Los críticos argumentan que estos textos fueron escritos mucho después de los eventos que describen, lo que los hace poco confiables como documentos históricos.

Además, el contenido de las versiones modernas de Jaser genera dudas. Algunos de estos textos incluyen ampliaciones elaboradas de historias bíblicas o introducen elementos que no se encuentran en las Escrituras canónicas. Los estudiosos sugieren que estas adiciones reflejan la imaginación de autores posteriores más que relatos históricos genuinos. Ven estas versiones como intentos de llenar los vacíos en la narrativa bíblica o de proporcionar una narración más dramática de historias familiares.

La falta de referencias a Jaser en otros escritos judíos antiguos también alimenta el escepticismo. Si bien se menciona en la Biblia, está notablemente ausente en otros textos clave, como los Rollos del Mar Muerto o los escritos de los primeros historiadores judíos como Josefo. Esta ausencia plantea dudas sobre su prominencia y supervivencia como obra histórica. Los críticos argumentan que si Jaser fuera tan importante como sugieren sus referencias bíblicas, probablemente se habría conservado o mencionado más ampliamente en las tradiciones judía y cristiana.

Algunos eruditos adoptan un enfoque intermedio y sugieren que Jaser podría haber existido como una tradición oral o como una colección de escritos que luego evolucionaron hacia diferentes formas. Esta perspectiva reconoce la posibilidad de un texto original, al tiempo que reconoce que lo que sobrevive hoy puede no reflejarlo con precisión. Estos estudiosos enfatizan el papel de la narración oral en las culturas antiguas, donde las historias a menudo se adaptaban y ampliaban con el tiempo antes de escribirse.

Los debates en torno a Jaser también ponen de relieve cuestiones más amplias sobre cómo se transmiten e interpretan los textos antiguos. La autenticidad no se trata sólo de si un texto es "real" o "falso"; también implica comprender su propósito, audiencia y contexto histórico. Incluso si Jasher es pseudoepigráfico, su contenido aún ofrece información sobre las creencias, los valores y las tradiciones narrativas de las comunidades que lo crearon.

Esta discusión en curso muestra que la importancia del Libro de Jaser reside no sólo en sus orígenes controvertidos sino también en su impacto en el pensamiento religioso y literario. Ya sea visto como un texto antiguo auténtico o como una obra pseudoepigráfica posterior, continúa provocando curiosidad e inspirando una exploración más profunda del complejo mundo de la historia y la tradición bíblicas.

CAPÍTULO 5

Temas y lecciones del libro de Jaser

Fe y obediencia: temas morales recurrentes

La fe y la obediencia son temas morales centrales que se encuentran en todo el Libro de Jaser y brindan lecciones eternas para los lectores. Estos temas se reflejan en las historias de figuras bíblicas clave cuyas vidas ilustran las recompensas de la confianza en la guía divina y el compromiso firme con los mandamientos de Dios. Al relatar sus experiencias, el Libro de Jaser enfatiza la importancia de alinear las acciones con la fe y reconocer el papel de la obediencia en el fomento de una relación significativa con Dios.

Uno de los ejemplos más destacados de fe se ve en la historia de Abraham. En el Libro de Jaser, su confianza inquebrantable en Dios se detalla en momentos como su partida de Ur y su voluntad de dejar todo lo familiar para seguir el mandato de Dios. La narración subraya la lucha interna que enfrentó Abraham, pero destaca su decisión de priorizar la fe sobre el miedo. Su viaje a Canaán se presenta no simplemente como un movimiento físico sino como un camino espiritual moldeado por su creencia de que las promesas de Dios se cumplirían. Este ejemplo enseña el valor de confiar en los planes divinos, incluso cuando parezcan inciertos o desafiantes.

La fe de Abraham se demuestra aún más en el relato de la atadura de Isaac, una historia que también se encuentra en la Torá pero que se amplía en el Libro de Jaser. El texto proporciona contexto adicional y describe la agitación emocional de Abraham mientras se prepara para sacrificar a su amado hijo. Sin embargo, su obediencia a las instrucciones de

Dios permanece inquebrantable. En el momento crucial, su fe se ve recompensada cuando Dios interviene, perdonando a Isaac y reafirmando la alianza con Abraham. Esta historia sirve como un poderoso recordatorio de que la fe a menudo requiere sacrificio y que la obediencia puede conducir a profundas recompensas espirituales.

El tema de la obediencia también es evidente en la vida de Noé. El Libro de Jaser detalla la dedicación de Noé en la construcción del arca a pesar del ridículo y la incredulidad generalizados de quienes lo rodeaban. Describe cómo pasó años trabajando en el arca mientras advertía a otros sobre el diluvio inminente. Su perseverancia en seguir las instrucciones de Dios, incluso cuando a otros les parecían inverosímiles, subraya la importancia de permanecer fiel frente a la oposición. A través de la historia de Noé, los lectores aprenden que la obediencia no siempre es fácil, pero es esencial para cumplir los propósitos divinos y garantizar la seguridad en tiempos de crisis.

La historia de José es otro ejemplo convincente. El Libro de Jaser proporciona detalles adicionales sobre sus pruebas, incluidas sus experiencias en Egipto como siervo y prisionero. A pesar de las dificultades, la fe de José en Dios sigue siendo fuerte y guía sus decisiones e interacciones. Su obediencia a los principios morales, incluso cuando es tentado o presionado, en última instancia lo lleva a ascender como un líder confiable en la corte del faraón. Su historia ilustra cómo la fe y la obediencia pueden transformar la adversidad en oportunidades de crecimiento y redención.

El Libro de Jaser también destaca actos colectivos de fe y obediencia, como los de los israelitas durante el Éxodo. Relata sus dudas y temores iniciales, pero enfatiza los momentos en los que eligieron confiar en Moisés y seguir la guía de Dios. El cruce del Mar Rojo se describe como un triunfo de la fe, en el que los israelitas presencian los resultados tangibles de su obediencia. Estas acciones colectivas recuerdan a los lectores el poder de la unidad y la importancia de confiar en el liderazgo divino para superar los obstáculos.

A través de estas narrativas, el Libro de Jaser enseña que la fe y la obediencia no son ideales abstractos sino virtudes prácticas demostradas a través de acciones. Muestra que la fe requiere confianza en resultados invisibles y que la obediencia implica alinear las elecciones de uno con principios superiores, incluso cuando contradicen los deseos personales o las normas sociales. Estas lecciones no sólo son relevantes para los personajes de las historias, sino que también sirven como guía para los lectores que buscan afrontar sus propios desafíos morales y espirituales.

Los temas recurrentes de fe y obediencia en el Libro de Jaser alientan a los lectores a reflexionar sobre sus propias vidas. Invitan a las personas a considerar cómo la confianza en los planes de Dios y el compromiso con las acciones justas pueden conducir al crecimiento y la realización personal. Al ilustrar estos valores a través de las experiencias de personajes bíblicos, el Libro de Jaser proporciona una rica fuente de inspiración para cultivar una vida de fe e integridad moral.

Liderazgo y legado: lecciones de personajes bíblicos

El liderazgo es un tema destacado en el Libro de Jaser, donde se exploran en profundidad las vidas de figuras bíblicas clave. Estas narrativas destacan cualidades como el coraje, la sabiduría, la humildad y la perseverancia, que convirtieron a estos individuos en líderes eficaces. Los legados que dejaron continúan brindando lecciones valiosas para los lectores, ofreciendo información sobre las responsabilidades y los desafíos del liderazgo.

La vida de Abraham demuestra la importancia de liderar con fe y visión. Como patriarca, se le presenta como un hombre profundamente comprometido con el propósito de Dios, dispuesto a dar un paso hacia lo desconocido en aras de una promesa mayor. El liderazgo de Abraham está marcado por su capacidad para inspirar confianza y cooperación entre su familia y sus seguidores. Su negociación con Lot sobre la tierra muestra su sabiduría y compromiso con la paz, incluso cuando surgieron conflictos. Su legado enseña que el liderazgo a menudo implica hacer sacrificios por el bien de los demás y priorizar las metas a largo plazo sobre las ganancias inmediatas.

Moisés se destaca como un líder cuya fuerza radica en la humildad y la determinación. El Libro de Jaser proporciona detalles adicionales sobre sus primeros años de vida, enfatizando su renuencia a asumir el papel de libertador de los israelitas. A pesar de su vacilación inicial, Moisés acepta el desafío, guiado por su profundo sentido del deber y su confianza en la guía de Dios. Su persistencia en confrontar al faraón, incluso frente a repetidas negativas, ilustra la importancia de la resiliencia en el liderazgo. El legado de Moisés no consiste sólo en liberar a los israelitas sino también en establecer una estructura para su vida espiritual y comunitaria. Enseña que el verdadero liderazgo implica servir a los demás desinteresadamente y mantenerse firme ante la adversidad.

José es otro ejemplo de líder que emerge de la adversidad. El Libro de Jaser amplía su viaje desde ser vendido como esclavo hasta convertirse en gobernante de Egipto. La capacidad de Joseph para permanecer firme y ético en circunstancias difíciles demuestra su fortaleza moral. Su liderazgo se caracteriza por su previsión al preparar a Egipto para la hambruna y su compasión al reconciliarse con sus hermanos. La historia de Joseph enfatiza que los grandes líderes a menudo surgen de orígenes humildes y que el perdón y la reconciliación son herramientas poderosas para construir comunidades fuertes.

El liderazgo del rey David se destaca por su valentía y confianza en Dios. El Libro de Jaser detalla sus primeros años, incluida su confrontación con Goliat y sus luchas contra el rey Saúl. La valentía de David al enfrentar dificultades abrumadoras y su humildad al esperar el momento de Dios para ascender al trono lo distinguen como un líder de carácter extraordinario. Sus salmos revelan su introspección y su profunda relación con Dios, que guiaron sus decisiones. El legado de David enseña la importancia de equilibrar la fuerza con la vulnerabilidad y buscar la sabiduría divina en el liderazgo.

El liderazgo no se limita a los hombres en el Libro de Jaser. La historia de Débora, profetisa y juez, muestra el poder de la sabiduría y el coraje para liderar a otros. La capacidad de Débora para inspirar a Barac y llevar a los israelitas a la victoria contra sus opresores demuestra sus excepcionales cualidades de liderazgo. Su historia destaca que el liderazgo no está limitado al género, sino que está determinado por la capacidad de guiar y elevar a los demás.

Además de los líderes individuales, el Libro de Jaser enfatiza el liderazgo colectivo de los israelitas durante momentos clave, como el Éxodo. La unidad y colaboración entre el pueblo, guiadas por líderes como Moisés y Josué, ilustran la importancia del trabajo en equipo y el propósito compartido para lograr metas importantes. Este esfuerzo colectivo muestra que el liderazgo eficaz a menudo implica empoderar a otros para que contribuyan con sus fortalezas hacia un objetivo común.

Una de las lecciones generales del Libro de Jaser es que el liderazgo tiene sus raíces en el servicio. Ya fuera Abraham intercediendo por Sodoma, Moisés defendiendo a los israelitas o José usando su posición para salvar vidas, estos líderes priorizaron el bienestar de los demás por encima del suyo propio. Sus historias recuerdan a los lectores que los verdaderos líderes son aquellos que predican con el ejemplo, inspiran confianza y permanecen comprometidos con sus principios.

Los legados de estos líderes también enfatizan el impacto duradero de sus decisiones. Sus acciones no sólo influyeron en sus comunidades inmediatas sino que también moldearon el curso de la historia y la fe. Recuerdan a los lectores que el liderazgo no se trata de gloria personal sino de crear un legado de justicia, compasión y rectitud.

A través de su descripción del liderazgo y el legado, el Libro de Jaser anima a los lectores a reflexionar sobre su propio potencial para liderar. Desafía a las personas a cultivar cualidades como la integridad, la perseverancia y la humildad, demostrando que el liderazgo es accesible a cualquiera que esté dispuesto a asumir la responsabilidad y servir a los demás. Las lecciones eternas de estas figuras bíblicas continúan resonando y ofrecen orientación para navegar las complejidades del liderazgo en cualquier contexto.

Justicia Divina: Retribución y Redención

El Libro de Jaser retrata la justicia divina como tema central, entrelazando los conceptos de retribución y redención para ilustrar el orden moral establecido por Dios. Estas historias enfatizan que las acciones, ya sean virtuosas o pecaminosas, inevitablemente traen consecuencias correspondientes, lo que demuestra el equilibrio de la justicia en el reino divino. Las narrativas no sólo resaltan el castigo de los malvados sino que también ofrecen esperanza de redención a quienes se arrepienten, subrayando la naturaleza compasiva pero justa de Dios.

Una historia notable que muestra la retribución divina es la historia de la destrucción de Sodoma y Gomorra. Las ciudades se representan como lugares de extrema maldad y corrupción moral, donde reinan la injusticia y la violencia. La decisión de Dios de destruirlos sirve como un poderoso ejemplo de retribución contra las sociedades que persisten en desafiar las leyes divinas. La historia también enfatiza el papel de la intercesión, cuando Abraham le ruega a Dios que perdone las ciudades si se pueden encontrar personas justas. Este diálogo refleja el equilibrio en la justicia divina, donde la misericordia se extiende pero no puede pasar por alto el pecado impenitente. La destrucción de las ciudades no es sólo un castigo sino una advertencia a las generaciones futuras sobre las consecuencias de una inmoralidad desenfrenada.

La redención se ilustra de manera conmovedora en la historia de José y sus hermanos. Los hermanos de José lo venden como esclavo por celos, un acto que inicialmente le trae sufrimiento. Sin embargo, gracias a la divina providencia, José asciende al poder en Egipto y finalmente se reúne con su familia. Los hermanos, al darse cuenta de la gravedad de sus acciones, expresan un profundo remordimiento. José, reconociendo su arrepentimiento, los perdona y les asegura que el plan de Dios convirtió sus malas acciones en buenas. Esta historia destaca el poder redentor del perdón y la posibilidad de transformación a través del arrepentimiento genuino. Muestra que la justicia divina no se trata únicamente de castigo sino también de restaurar relaciones y curar heridas.

La narrativa de Caín y Abel ofrece otro ejemplo de justicia divina, centrándose en la responsabilidad personal. Los celos de Caín lo llevan a asesinar a su hermano Abel, y enfrenta el juicio de Dios por este acto. Si bien Caín es castigado convirtiéndolo en un vagabundo en la tierra, también se le muestra misericordia cuando Dios le coloca una marca protectora para evitar que otros se venguen. Este aspecto dual de justicia y misericordia demuestra que si bien el pecado tiene consecuencias, la justicia de Dios está templada con compasión y ofrece a los pecadores la oportunidad de aprender y crecer.

La historia de la Torre de Babel refleja la justicia divina a escala comunitaria. El orgullo y el deseo del pueblo de construir una torre que llegue a los cielos simbolizan el intento de la humanidad de desafiar la autoridad de Dios. En respuesta, Dios confunde su idioma y los dispersa por toda la tierra. Este acto de retribución aborda su arrogancia pero también preserva la diversidad y riqueza de las culturas humanas. La narrativa subraya los peligros de la arrogancia y la importancia de la humildad, recordando a los lectores que la verdadera grandeza radica en alinearse con la voluntad divina en lugar de oponerse a ella.

La historia de Noé y el diluvio es una poderosa descripción tanto de la retribución como de la redención. La maldad generalizada de la humanidad impulsa a Dios a enviar un diluvio para limpiar la tierra. Sin embargo, Noé, a quien se describe como justo, es elegido para construir un arca y preservar la vida. Esta historia demuestra que si bien la justicia divina castiga a los culpables, también recompensa a los fieles y proporciona un camino para la renovación. El arco iris que aparece después del diluvio simboliza el pacto de Dios con la humanidad, ofreciendo esperanza y seguridad de Su misericordia. Destaca el tema de la redención como parte integral de la justicia divina, asegurando que la destrucción nunca sea la última palabra.

En la narrativa del Éxodo, las plagas de Egipto sirven como actos de retribución contra Faraón y su pueblo por esclavizar a los israelitas y desafiar los mandamientos de Dios. Cada plaga aumenta en intensidad, mostrando las consecuencias del corazón endurecido de Faraón. Sin embargo, la liberación de los israelitas representa la redención, ya que son liberados de la esclavitud y conducidos hacia la Tierra Prometida. Esta narrativa dual demuestra que la justicia divina protege a los oprimidos y al mismo tiempo responsabiliza a los opresores por sus acciones.

La historia de Esaú y Jacob también contiene elementos de retribución y redención. El engaño de Jacob para obtener la bendición de Esaú resulta en años de separación y conflicto. Sin embargo, a través del crecimiento personal y la reconciliación, ambos hermanos encuentran la redención. Cuando finalmente se reúnen, Esaú perdona a Jacob y su relación se restablece. Esta historia ilustra que, si bien las acciones equivocadas pueden provocar dificultades, los esfuerzos sinceros hacia el arrepentimiento y la reconciliación pueden traer sanación y redención.

El Libro de Jaser retoma con frecuencia estos temas para recordar a los lectores el marco moral que rige las acciones humanas. El concepto de justicia divina no se presenta como arbitrario sino como una respuesta coherente y justa a las decisiones que toman los individuos y las comunidades. La retribución sirve como elemento disuasorio contra el pecado y un recordatorio de la seriedad de la responsabilidad moral, mientras que la redención ofrece esperanza y la posibilidad de renovación para aquellos que regresan a Dios.

Estas historias resuenan entre los lectores al enfatizar el equilibrio entre las consecuencias y el perdón. Fomentan la reflexión sobre las propias acciones e inspiran un compromiso para alinearse con los principios morales y divinos. Así, el Libro de Jaser proporciona una exploración profunda de la justicia divina y ofrece lecciones eternas sobre la importancia de la rectitud, la humildad y la posibilidad duradera de la redención.

CAPÍTULO 6

La influencia del libro de Jaser en la literatura apócrifa

Un precursor de escritos posteriores: el legado de Jasher

El Libro de Jaser ocupa una posición intrigante como texto fundamental que ha influido en la literatura apócrifa posterior. Sus narrativas detalladas, enseñanzas morales y ampliaciones interpretativas de las historias bíblicas han dejado una huella duradera en la tradición apócrifa más amplia. Al enriquecer la comprensión de acontecimientos bíblicos conocidos e introducir perspectivas únicas, sirvió como precursor de muchos escritos posteriores fuera de las Escrituras canónicas.

Una de las formas clave en que el Libro de Jaser ha influido en la literatura apócrifa es a través de su enfoque en llenar los vacíos narrativos en la Biblia. Obras apócrifas posteriores, como el Libro de los Jubileos y varios textos pseudoepigráficos, adoptan un enfoque similar al elaborar relatos bíblicos breves o ambiguos. Por ejemplo, el Libro de Jaser proporciona una rica historia de fondo para figuras como Esaú y Nimrod, describiendo sus acciones y personalidades con mayor profundidad. Esta tendencia a ampliar y contextualizar es un sello distintivo de los escritos apócrifos, que a menudo pretenden ofrecer una visión adicional de las motivaciones y experiencias de los personajes bíblicos.

El tratamiento detallado de genealogías y cronologías en el Libro de Jaser también sentó un precedente para otros textos apócrifos. El Libro de los Jubileos, a veces llamado "Pequeño Génesis", refleja el estilo de Jaser al proporcionar una reinvención cronológica de los acontecimientos bíblicos. Ambas obras enfatizan la importancia del orden divino y la continuidad del plan de Dios para la humanidad, presentando la historia como una narrativa cohesiva que resalta temas morales y teológicos. Este enfoque compartido subraya el legado de Jasher como un intento temprano de crear una comprensión más integral de la historia sagrada.

Los temas de la justicia divina y la responsabilidad humana, destacados en el Libro de Jaser, han dado forma similar a los escritos apócrifos. Muchos textos posteriores reflejan el mismo enfoque en la interacción entre la retribución divina y la redención, enfatizando las consecuencias de las acciones humanas y la posibilidad del arrepentimiento. Por ejemplo, el Testamento apócrifo de los Doce Patriarcas incorpora exhortaciones morales y advertencias sobre los resultados del pecado, haciéndose eco de las lecciones que se encuentran en las historias de Jaser. Estos paralelos resaltan cómo las perspectivas morales y teológicas de Jaser han seguido resonando dentro de la tradición apócrifa.

Otra área importante de influencia es la representación de figuras heroicas y sus legados. El Libro de Jaser enfatiza las virtudes de los líderes bíblicos, como la fe inquebrantable de Abraham y el perdón de José. Estas representaciones han inspirado textos apócrifos para explorar las vidas de patriarcas y profetas con mayor detalle, a menudo elevándolos como modelos de comportamiento ideal. Por ejemplo, el Libro de Enoc amplía el carácter de Enoc, presentándolo como una figura justa que adquiere una visión única de los misterios divinos. Este enfoque en elevar a individuos ejemplares se alinea con el enfoque adoptado en el Libro de Jaser y subraya su papel en la configuración de las tradiciones narrativas de los apócrifos posteriores.

La influencia de Jasher también se puede ver en su narración imaginativa, que ha inspirado una tradición de elaboración creativa en la literatura apócrifa. Al incluir detalles dramáticos, como la confrontación entre Esaú y Nimrod o el diálogo extenso entre Noé y la gente de su tiempo, Jasher allanó el camino para una exploración de temas bíblicos más narrativa. Obras posteriores como el Apocalipsis de Abraham y el Libro de la Cueva de los Tesoros combinan de manera similar elementos históricos e imaginativos para cautivar a los lectores y transmitir verdades espirituales más profundas. Este estilo de narración compartido resalta el atractivo perdurable de las innovaciones narrativas de Jasher.

Además de dar forma al contenido de los escritos apócrifos, la estructura y el propósito del Libro de Jaser han influido en su formato y objetivos. Jasher se presenta como un texto complementario, que ofrece a los lectores una comprensión ampliada de las Escrituras familiares sin dejar de estar conectados con sus temas y mensajes. Muchas obras apócrifas posteriores adoptan este doble papel, sirviendo como textos independientes y como comentarios de la Biblia. Este enfoque les permite cerrar la brecha entre las Sagradas Escrituras y la tradición oral, tal como Jaser intentó hacer.

El legado del Libro de Jaser también es evidente en su papel como fuente de inspiración para la narración cultural y religiosa. Sus historias han sido adaptadas y contadas de diversas formas, influyendo en el desarrollo de la literatura midráshica en el judaísmo y en tradiciones paralelas en el cristianismo. Estos recuentos a menudo se basan en las expansiones de Jasher para enriquecer sus narrativas, combinando sus ideas con otros textos apócrifos y canónicos. Esta relación intertextual demuestra cómo la influencia de Jaser se extiende más allá de su contexto inmediato, contribuyendo a una tradición más amplia de interpretación bíblica.

A pesar de su impacto duradero, el lugar del Libro de Jaser dentro de la tradición apócrifa ha sido objeto de debate. Mientras que algunos lo ven como un valioso recurso histórico y teológico, otros cuestionan su autenticidad y su alineación teológica con las escrituras canónicas. Esta tensión ha dado forma a su recepción a lo largo del tiempo, con diferentes comunidades y académicos enfatizando diferentes aspectos de su legado. Independientemente de estos debates, la influencia de Jasher en escritos apócrifos posteriores sigue siendo innegable, ya que sus temas, narrativas y métodos han dejado una huella duradera en este cuerpo diverso de literatura.

La tradición apócrifa más amplia refleja la naturaleza dinámica y evolutiva de la interpretación bíblica, y el Libro de Jaser es un ejemplo clave de este proceso. Al ampliar las historias bíblicas, ofrecer lecciones morales y explorar conceptos teológicos, ha enriquecido la comprensión de la historia sagrada e inspirado a generaciones de escritores. Su legado es evidente no sólo en el contenido de textos posteriores sino también en los métodos y propósitos que han guiado su creación, afirmando el papel de Jaser como obra fundamental dentro de la tradición apócrifa.

Paralelos con otros textos antiguos

El Libro de Jaser comparte muchos paralelos con otros textos antiguos como el Libro de Enoc y el Libro de los Jubileos. Estas similitudes radican en sus temas, contenido y propósito. Al comparar estos textos, queda claro cómo reflejan tradiciones e ideas compartidas y al mismo tiempo ofrecen perspectivas únicas sobre la historia y la teología bíblicas.

Un paralelo significativo entre el Libro de Jaser y el Libro de Enoc es su enfoque en expandir la narrativa bíblica. Ambos textos tienen como objetivo proporcionar detalles y contexto adicionales a las historias que se encuentran en la Biblia canónica. Por ejemplo, el Libro de Jaser incluye relatos elaborados de las vidas de figuras bíblicas como Abraham y José, profundizando en sus pruebas y triunfos. De manera similar, el Libro de Enoc amplía la breve mención de Enoc en el Génesis, retratándolo como un hombre justo que recibe visiones de los cielos y conocimientos sobre los misterios divinos. Este énfasis compartido en llenar los vacíos en el relato bíblico demuestra cómo estos textos buscan mejorar la comprensión y el compromiso con las Escrituras.

Otra área de superposición es su enfoque en la justicia divina y la responsabilidad moral. El Libro de Jaser frecuentemente resalta las consecuencias de las acciones humanas, presentando historias donde individuos o naciones enfrentan retribución divina por sus pecados. Un ejemplo es su descripción del juicio del pueblo durante la época de Noé, enfatizando su corrupción moral y la inevitabilidad del diluvio. El Libro de Enoc tiene un tema similar, particularmente en su descripción de los ángeles caídos que corrompen a la humanidad y son castigados por Dios. Ambos textos subrayan la idea de que la justicia de Dios es inevitable y que la rectitud conduce a la recompensa, mientras que el pecado trae castigo.

El Libro de los Jubileos comparte con el Libro de Jaser un enfoque cronológico de la historia bíblica. Jubileos divide la historia en jubileos, o períodos de cuarenta y nueve años, creando una línea de tiempo estructurada para los acontecimientos del Génesis y el Éxodo. El Libro de Jaser, aunque no está organizado de manera tan rígida, también pone un fuerte énfasis en la cronología, ofreciendo cronogramas detallados de las vidas de los patriarcas y eventos clave. Este enfoque cronológico refleja un esfuerzo por presentar la historia bíblica como una narrativa coherente y divinamente orquestada, enfatizando el desarrollo del plan de Dios para la humanidad.

Tanto Jasher como Jubilees profundizan en las vidas de los patriarcas bíblicos, brindando relatos ampliados que resaltan sus virtudes y luchas. Por ejemplo, el Libro de Jaser incluye una narración detallada de los primeros años de vida de Abraham, incluida su oposición a la adoración de ídolos y su relación con Nimrod, que no se encuentran en la Biblia canónica. De manera similar, Jubileos profundiza en el pacto entre Dios y Abraham, enfatizando temas de obediencia y fe. Estos textos pretenden presentar a los patriarcas como modelos a seguir, cuyas vidas demuestran la importancia de la confianza en Dios y el cumplimiento de Sus mandamientos.

Los temas del pacto y el orden divino también conectan estos textos. El Libro de los Jubileos pone un fuerte énfasis en el pacto entre Dios e Israel, presentándolo como central de la historia bíblica. Subraya la importancia de guardar las leyes de Dios y mantener la pureza como parte de esta relación de pacto. El Libro de Jaser, aunque no se centra tan explícitamente en el pacto, también refleja este tema en sus historias de personas fieles que defienden la voluntad de Dios a pesar de los desafíos. Ambos textos resaltan el papel del orden divino en la historia y la responsabilidad de la humanidad de alinearse con él.

El tratamiento de los gigantes y otros seres sobrenaturales es otro paralelo notable entre el Libro de Jaser y el Libro de Enoc. Jaser menciona brevemente la presencia de gigantes en el mundo anterior al diluvio, describiéndolos como resultado del pecado y la corrupción humanos. El Libro de Enoc explora este tema con mayor detalle, atribuyendo el ascenso de los gigantes a la unión de los ángeles caídos y las mujeres humanas. Estos relatos reflejan un interés compartido en explicar los orígenes del mal y la alteración del orden previsto por Dios. También sirven como advertencias sobre las consecuencias de desviarse de la ley divina.

Tanto el Libro de Jaser como el Libro de los Jubileos abordan la importancia del tiempo sagrado y la observancia de los mandamientos divinos. Los jubileos ponen un énfasis significativo en el sábado, describiendo su institución en la creación y su importancia como señal del pacto. Si bien Jaser no se centra tanto en el sábado, con frecuencia resalta la fidelidad de las figuras bíblicas en la observancia de los mandamientos de Dios. Este énfasis compartido refleja la tradición más amplia de textos apócrifos que refuerzan las lecciones morales y espirituales de las Escrituras.

La representación de la acción humana y la intervención divina es otro tema común. El Libro de Jaser a menudo enfatiza las decisiones tomadas por los individuos y su impacto en la historia, como la decisión de José de perdonar a sus hermanos o el coraje de Moisés al confrontar al Faraón. De manera similar, el Libro de los Jubileos y el Libro de Enoc describen las acciones humanas como centrales para el desarrollo del plan de Dios, al tiempo que destacan momentos de intervención divina. Estas narrativas ilustran el equilibrio entre la responsabilidad humana y la soberanía de Dios, animando a los lectores a reflexionar sobre su propio papel en el cumplimiento de los propósitos divinos.

La narración detallada que se encuentra en el Libro de Jaser y otros textos antiguos también revela su objetivo compartido de atraer a los lectores con narrativas vívidas y memorables. Al agregar diálogos, descripciones y elementos dramáticos, estos textos dan vida a las historias bíblicas de nuevas maneras. Este enfoque no sólo mejora la comprensión del lector sino que también fomenta una conexión emocional más profunda con las lecciones y los temas de las Escrituras.

La influencia de los contextos culturales e históricos también es evidente en estos textos. Tanto el Libro de Jaser como el Libro de los Jubileos reflejan las preocupaciones y valores de las comunidades que los preservaron, como la importancia de mantener la identidad religiosa y resistir la asimilación. Sus narrativas y temas sirven para reforzar estos valores, brindando orientación e inspiración a sus audiencias.

El Libro de Jaser comparte muchos paralelos con textos antiguos como el Libro de Enoc y el Libro de los Jubileos, lo que refleja temas, técnicas narrativas y conocimientos teológicos comunes. Estas similitudes resaltan la interconexión de la tradición apócrifa y su papel en el enriquecimiento de la comprensión de la historia y la teología bíblicas. Al comparar estos textos, se obtiene una apreciación más profunda de sus contribuciones al tejido más amplio de la literatura religiosa.

El panorama apócrifo más amplio

La literatura apócrifa consiste en escritos que existen fuera de las Escrituras canónicas pero que tienen un significado histórico, moral o teológico dentro de las tradiciones religiosas. El Libro de Jaser ocupa un lugar importante dentro de este género, ofreciendo narrativas y perspectivas únicas que complementan y en ocasiones desafían el texto bíblico. Su papel dentro del panorama apócrifo más amplio está determinado por su contenido, temas y la forma en que ha sido recibido por diversas comunidades religiosas.

Una de las características definitorias de la literatura apócrifa es su objetivo de ampliar las historias y enseñanzas de la Biblia. El Libro de Jaser hace esto proporcionando detalles y adornos adicionales a relatos familiares. Por ejemplo, profundiza en las vidas de figuras clave como Abraham, José y Moisés, y a menudo llena los vacíos que dejan las Escrituras canónicas. Esta expansión lo alinea con otros textos apócrifos, como el Libro de los Jubileos y el Libro de Enoc, que de manera similar buscan proporcionar una visión más profunda de los eventos bíblicos.

Otra característica de los textos apócrifos es su énfasis en las lecciones morales y la justicia divina. El Libro de Jaser frecuentemente resalta estos temas a través de sus narrativas. Subraya las recompensas de la fidelidad a Dios y las consecuencias de la desobediencia. Este enfoque en la moralidad y la intervención divina refleja el propósito de muchas otras obras apócrifas, que a menudo sirven como herramientas para enseñar y reforzar valores religiosos. Al entrelazar estos temas en sus historias, el Libro de Jaser ofrece una perspectiva que es a la vez instructiva e inspiradora.

El enfoque histórico del Libro de Jaser también lo sitúa dentro de la tradición apócrifa. Al igual que el Libro de los Jubileos, busca presentar una línea de tiempo coherente de los acontecimientos, fundamentando sus historias en un marco cronológico. Este recuento estructurado refleja un esfuerzo por brindar claridad y orden a la historia bíblica, haciéndola más accesible y atractiva para los lectores. Este enfoque es común entre los textos apócrifos, que a menudo pretenden complementar la narrativa canónica con un contexto histórico y cultural adicional.

El papel del Libro de Jaser al abordar cuestiones teológicas lo conecta aún más con el género apócrifo más amplio. Muchas obras apócrifas, incluido el Libro de Enoc, abordan cuestiones complejas como los orígenes del mal, la naturaleza de la justicia divina y la relación entre Dios y la humanidad. El Libro de Jaser contribuye a estas discusiones explorando temas como la lucha entre la justicia y el pecado, el papel de la intervención divina en los asuntos humanos y el cumplimiento de las promesas de Dios. Su inclusión de relatos detallados, como la destrucción de Sodoma y Gomorra, resalta su enfoque en ilustrar estos conceptos teológicos.

La literatura apócrifa a menudo refleja los contextos culturales e históricos en los que se produjo, y el Libro de Jaser no es una excepción. Incorpora elementos que resuenan con las preocupaciones y valores de su audiencia, como la importancia de la fe, la perseverancia y la identidad comunitaria. Al abordar estos temas, sirve como espejo de la sociedad que los preservó y transmitió. Esta relevancia cultural es un sello distintivo de los textos apócrifos, que con frecuencia buscan abordar las cuestiones espirituales y morales de su época.

El estilo narrativo del Libro de Jaser también lo alinea con otras obras apócrifas. Su uso de narraciones vívidas, diálogos y detalles dramáticos da vida a los relatos bíblicos de nuevas maneras. Este enfoque no sólo mejora la comprensión de las historias por parte del lector, sino que también fomenta una conexión emocional más profunda con sus lecciones. Estas técnicas de narración son una característica común de la literatura apócrifa, que a menudo busca hacer que las Escrituras sean más identificables y convincentes.

La recepción del Libro de Jaser por parte de diferentes comunidades religiosas ilustra su lugar dentro de la tradición apócrifa. Si bien la mayoría de las tradiciones judías o cristianas no lo consideran canónico, algunos lo han valorado como un texto complementario que ofrece conocimientos únicos sobre la historia y la teología bíblicas. Esta ambivalencia es característica de muchas obras apócrifas, que a menudo se consideran valiosas pero no divinamente inspiradas. La forma en que se ha preservado y estudiado el Libro de Jaser refleja el papel más amplio de la literatura apócrifa como puente entre las Escrituras y la interpretación.

Una característica notable del Libro de Jaser es su capacidad para resonar con temas que se encuentran en otros textos apócrifos, como el Libro de los Jubileos y el Libro de Enoc. Estos textos a menudo comparten el objetivo común de enfatizar la soberanía de Dios, la importancia de la acción humana y el desarrollo de los planes divinos. Al contribuir a estas discusiones, el Libro de Jaser refuerza su posición dentro del panorama apócrifo como un texto que complementa y enriquece la narrativa bíblica.

La influencia del Libro de Jaser en la literatura apócrifa posterior resalta aún más su importancia. Sus recuentos detallados y su enfoque temático probablemente hayan inspirado trabajos posteriores que buscan explorar ideas similares. Este legado subraya la interconexión de los textos apócrifos, que a menudo se basan y se basan unos en otros para crear un rico tapiz de pensamiento y narración religiosos.

El Libro de Jaser juega un papel vital dentro del contexto más amplio de la literatura apócrifa. Sus narrativas detalladas, temas morales y reflexiones teológicas lo alinean con otras obras de este género. Al ampliar las historias bíblicas y abordar las cuestiones espirituales y morales de su audiencia, sirve como un recurso valioso para comprender las complejidades de la fe y la historia. Su lugar dentro de la tradición apócrifa subraya su perdurable relevancia como puente entre las Escrituras y la interpretación.

CAPÍTULO 7

El redescubrimiento del libro de Jaser

Renacimientos medievales y renacentistas

Durante los períodos medieval y renacentista, hubo una creciente fascinación por los textos antiguos y su potencial para desbloquear conocimientos sobre la historia, la fe y la civilización humana. El Libro de Jaser, mencionado en referencias bíblicas, se convirtió en tema de curiosidad e intriga. Su redescubrimiento y resurgimiento durante este tiempo estuvieron influenciados por los movimientos intelectuales de la época, los avances en la preservación de manuscritos y el deseo de explorar las conexiones entre las narrativas bíblicas e históricas.

Los eruditos medievales estaban particularmente interesados en descubrir textos que se pensaba que ampliaban el canon bíblico. Se creía que el Libro de Jaser, mencionado en los libros de Josué y Samuel, contenía detalles adicionales sobre los eventos y figuras descritos en la Biblia. Como parte del esfuerzo medieval más amplio por reconciliar la fe con la investigación histórica, los estudiosos buscaron versiones o referencias a este enigmático texto. Esta búsqueda reflejó una tendencia más amplia en el período medieval a utilizar textos religiosos como base para comprender la historia y la moralidad.

El Renacimiento provocó un renovado interés por las obras clásicas y religiosas. Este resurgimiento cultural e intelectual enfatizó la importancia de estudiar manuscritos antiguos para comprender mejor las raíces del pensamiento y la civilización occidentales. El movimiento humanista, que floreció durante esta época, alentó a los estudiosos a revisar textos antiguos, traducirlos a idiomas accesibles y analizar sus significados. En este contexto, cualquier mención del Libro de Jaser en registros históricos o discusiones teológicas despertó un interés significativo.

Durante estos períodos, surgieron varias versiones del Libro de Jaser, aunque a menudo se debatía su autenticidad. Se suponía que algunos de estos textos eran traducciones o adaptaciones del manuscrito hebreo original, mientras que otros eran composiciones posteriores que se inspiraron en referencias bíblicas. La falta de una versión definitiva y universalmente aceptada del Libro de Jaser hizo que su estudio fuera complejo, pero también alimentó una sensación de misterio que atrajo tanto a teólogos como a historiadores.

La disponibilidad de tecnología de impresión durante el Renacimiento jugó un papel crucial en el resurgimiento del interés por los textos antiguos, incluido el Libro de Jaser. Los libros impresos permitieron la difusión de ideas y manuscritos a un público más amplio que nunca. Los eruditos publicaron trabajos que analizan los orígenes y el significado del Libro de Jaser, llamando la atención tanto de los líderes religiosos como de los laicos. Estas discusiones a menudo giraban en torno a si el texto era auténtico, su posible alineación con las enseñanzas bíblicas y su valor para comprender la historia sagrada.

Los temas de justicia, moralidad e intervención divina del Libro de Jaser resonaban con las búsquedas intelectuales y espirituales de la época. Los teólogos buscaron conectar estos temas con la narrativa más amplia de la Biblia, viendo el Libro de Jaser como un complemento potencial al texto de las Escrituras. Este interés a menudo se extendió más allá de los eruditos cristianos para incluir a pensadores judíos, que consideraban el texto como parte de su herencia cultural y religiosa más amplia.

A lo largo de los períodos medieval y renacentista, la búsqueda del Libro de Jaser también estuvo vinculada a una fascinación más amplia por el conocimiento perdido u oculto. La idea de que ciertos textos pudieran revelar verdades incalculables sobre el plan de Dios, la historia humana o el mundo natural inspiró a exploradores, historiadores y teólogos a profundizar en archivos y bibliotecas antiguos. Esta búsqueda condujo al redescubrimiento de muchas obras importantes, y el Libro de Jaser a menudo se discutió junto con estos descubrimientos como un ejemplo de un texto potencialmente transformador.

Uno de los desafíos durante este resurgimiento fue distinguir entre textos históricos genuinos y aquellos que fueron fabricados o alterados con el tiempo. Algunas versiones del Libro de Jaser que surgieron durante estos períodos contenían historias y detalles que estaban claramente influenciados por las perspectivas culturales y teológicas de sus autores. Esto planteó dudas sobre la autenticidad del texto y su lugar dentro del marco más amplio de la literatura religiosa.

El resurgimiento medieval y renacentista del Libro de Jaser también reflejó la interacción entre las tradiciones judía y cristiana. El texto era parte de la herencia judía y su mención en la Biblia hebrea le dio una conexión inherente con la teología judía. Al mismo tiempo, los eruditos cristianos lo vieron como un puente potencial para comprender más plenamente el Antiguo Testamento. Este interés compartido fomentó el diálogo entre las dos religiones, incluso mientras continuaban los debates sobre la autenticidad y la interpretación del texto.

El clima cultural e intelectual más amplio del Renacimiento fomentó un enfoque holístico para estudiar los textos antiguos. Los eruditos buscaron ubicar el Libro de Jaser dentro de un contexto más amplio, examinando su relación con otras obras apócrifas, sus referencias históricas y sus temas morales y teológicos. Este enfoque subrayó la interconexión de los estudios religiosos e históricos durante el período, destacando la importancia de textos como el Libro de Jaser en la configuración de la comprensión de la historia bíblica.

El resurgimiento medieval y renacentista del Libro de Jaser fue impulsado por una combinación de curiosidad intelectual, exploración teológica y avances en tecnología y erudición. Si bien persistieron los debates sobre la autenticidad del texto, su redescubrimiento simbolizó el compromiso de la época de descubrir y preservar la sabiduría del pasado. Este período de renovado interés sentó las bases para estudios posteriores del Libro de Jaser y su papel dentro de la tradición más amplia de la literatura histórica y religiosa.

Traducciones modernas: ediciones clave y su impacto

Las traducciones modernas del Libro de Jaser han desempeñado un papel fundamental al llevar este enigmático texto al primer plano de las discusiones religiosas e históricas. Estas traducciones, que han aparecido en diversas formas a lo largo de los siglos, han intentado preservar la esencia del libro y al mismo tiempo adaptarlo a los lenguajes y contextos culturales contemporáneos. Cada edición ha contribuido a una comprensión más profunda del texto, generando debates sobre sus orígenes, contenido y relevancia.

Una de las primeras ediciones modernas importantes surgió en 1625 en Venecia, conocida como el "Libro rabínico de Jaser". Esta versión, escrita en hebreo, supuestamente era una reproducción auténtica del antiguo manuscrito al que se hace referencia en la Biblia. Aunque sus orígenes fueron debatidos, esta edición ganó popularidad entre los eruditos y líderes religiosos judíos que valoraban sus relatos detallados de figuras bíblicas. Ofrecía narrativas elaboradas sobre acontecimientos y personalidades mencionadas brevemente en la Torá, proporcionando un rico tapiz de lecciones morales y reflexiones históricas.

En 1840, Mordecai Manuel Noah y Alcuin Noah publicaron una traducción al inglés en Nueva York. Esta edición se basó en el manuscrito hebreo de 1625 y marcó un momento significativo para la accesibilidad del texto a una audiencia más amplia. La traducción al inglés permitió a los cristianos, junto con los lectores judíos, explorar los temas y narrativas del Libro de Jaser. Captó el interés público al afirmar que arrojaba luz sobre las vidas de Adán, Noé y otras figuras bíblicas. El estilo poético del texto y las imágenes vívidas brindaron a los lectores una lente alternativa a través de la cual ver historias familiares, agregando profundidad y contexto a los relatos de la Biblia.

Otra edición moderna notable, publicada en 1887 por J.H. Parry & Company, también afirmó estar basado en el manuscrito de 1625. Esta versión fue popular entre los miembros de la Iglesia de Jesucristo de los Santos de los Últimos Días. Resonaba con su énfasis teológico en los textos extrabíblicos, alineándose con la creencia de que revelaciones y registros históricos adicionales podrían enriquecer la comprensión de la verdad divina. La Iglesia de los Santos de los Últimos Días no ha canonizado el Libro de Jaser, pero esta traducción inspiró una reflexión teológica y reforzó el interés por la literatura apócrifa dentro de la comunidad de fe.

Una de las traducciones más debatidas fue la edición de 1829 de Flaccus Albinus Alcuinus, a menudo denominada "Pseudo-Jasher". Esta obra, de amplia circulación en Inglaterra, afirmaba ser una traducción de un texto antiguo, pero más tarde fue identificada como una falsificación del siglo XIX. A pesar de sus dudosos orígenes, tuvo un impacto considerable, despertando interés en el Libro de Jaser e impulsando a los eruditos a investigar su autenticidad. Las controversias en torno a esta edición subrayaron los desafíos que supone distinguir obras antiguas genuinas de composiciones posteriores y resaltaron la necesidad de un análisis textual riguroso.

Los eruditos modernos han trabajado para evaluar críticamente estas traducciones, examinando estilos lingüísticos, referencias históricas y contenido teológico para evaluar su autenticidad. Por ejemplo, algunas versiones del Libro de Jaser elaboran detalles sobre acontecimientos como la atadura de Isaac o la destrucción de Sodoma con detalles intrincados que no se encuentran en la Biblia. Estas expansiones han sido elogiadas por su riqueza narrativa y criticadas por carecer de evidencia que las corrobore en manuscritos antiguos. Tal contenido plantea dudas sobre si estos relatos eran parte del texto original o adiciones posteriores moldeadas por influencias culturales y religiosas.

Las traducciones de los siglos XX y XXI se han beneficiado de los avances en los estudios lingüísticos y los descubrimientos arqueológicos. Los eruditos han podido comparar el Libro de Jaser con otros textos antiguos, como los Rollos del Mar Muerto y la Septuaginta, para identificar paralelos e inconsistencias. Estas ediciones modernas a menudo incluyen anotaciones y comentarios académicos, que brindan a los lectores un contexto para comprender el significado histórico y teológico del texto. También se esfuerzan por cerrar la brecha entre el lenguaje antiguo y las sensibilidades modernas, asegurando que las narrativas sigan siendo atractivas y relevantes.

El impacto de las traducciones modernas se extiende más allá de los círculos académicos. Han influido en las enseñanzas religiosas, la investigación histórica e incluso la cultura popular. Muchos lectores encuentran el Libro de Jaser convincente por sus perspectivas alternativas sobre historias bíblicas bien conocidas, como el Arca de Noé, la Torre de Babel y el Éxodo. Estas traducciones ofrecen una combinación de mito, historia y moralidad que atrae a quienes buscan una conexión más profunda con su fe o una comprensión más amplia de la historia humana.

A pesar de sus contribuciones, las traducciones modernas no están exentas de desafíos. Los académicos a menudo debaten sobre la exactitud de las traducciones y la confiabilidad de los manuscritos en los que se basan. Algunos argumentan que las variaciones entre ediciones reflejan una tradición textual fragmentada, lo que dificulta determinar el contenido original. Otros señalan que la naturaleza apócrifa del texto invita inherentemente a una reinterpretación creativa, que puede no alinearse con la autenticidad histórica. Estos debates han mantenido al Libro de Jaser en el centro de las discusiones sobre la intersección de la religión, la literatura y la historia.

Para las comunidades religiosas, las traducciones modernas del Libro de Jaser sirven como herramienta para explorar las dimensiones morales y teológicas de las historias bíblicas. Los temas del texto sobre la justicia divina, la acción humana y las consecuencias de las decisiones resuenan a través de generaciones. Su énfasis en las virtudes de la fe, la obediencia y el liderazgo continúa inspirando a los lectores y ofreciendo lecciones relevantes para la vida contemporánea. Al interactuar con estas traducciones, las personas pueden reflexionar sobre los valores perdurables que han dado forma a las sociedades humanas y las tradiciones espirituales.

El legado perdurable del Libro de Jaser en los tiempos modernos reside en su capacidad para provocar el pensamiento y el diálogo. Cada traducción, ya sea celebrada o criticada, contribuye a una comprensión más rica del lugar del texto en el discurso religioso e histórico. Estas ediciones resaltan la naturaleza dinámica de la literatura antigua y muestran cómo evoluciona a través de la interpretación y adaptación a lo largo de los siglos. También subrayan la importancia de preservar y estudiar dichas obras para garantizar que sus lecciones y conocimientos no se pierdan en el tiempo.

Las traducciones modernas del Libro de Jaser han moldeado significativamente la comprensión contemporánea de este texto antiguo. Han hecho que sus narrativas sean accesibles a audiencias diversas, profundizado la reflexión teológica y provocado debates académicos sobre la autenticidad y el significado. Al unir el pasado con el presente, estas traducciones continúan iluminando la compleja relación entre fe, historia y narración.

Interpretaciones populares: de la teología a la ficción

El Libro de Jaser ha capturado la imaginación de teólogos, historiadores y narradores durante siglos, brindando inspiración tanto en las enseñanzas religiosas como en la cultura popular. Sus ricas narrativas, que amplían los acontecimientos y personajes bíblicos, lo han convertido en un tema fascinante para la interpretación en teología y una fuente de material creativo para la ficción y los medios.

En teología, el Libro de Jaser a menudo se ve como un texto complementario que llena los vacíos en la narrativa bíblica. Los eruditos religiosos han examinado sus relatos detallados de acontecimientos como la historia de Noé, la vida de Abraham y el éxodo de los israelitas de Egipto. Estas historias ampliadas ofrecen información sobre las vidas y decisiones de los personajes, proporcionando un marco moral que resalta virtudes como la fe, el coraje y la obediencia. Por ejemplo, el relato del libro sobre las pruebas de Abraham profundiza profundamente en su fe inquebrantable y presenta lecciones sobre la confianza en los planes divinos. Estas elaboraciones resuenan en los teólogos que buscan explorar las dimensiones espirituales de las figuras y acontecimientos bíblicos.

Algunas comunidades religiosas consideran el Libro de Jaser como una herramienta educativa para enseñar lecciones morales y éticas. Al enfatizar temas de justicia divina y responsabilidad humana, el libro se ha utilizado en sermones y estudios religiosos para fomentar la reflexión sobre el comportamiento moral. Su descripción de la intervención divina en los asuntos humanos refuerza la creencia en un poder superior que guía la historia. Sin embargo, existe un debate continuo entre los teólogos sobre su autenticidad, lo que influye en cómo se lo considera dentro de las diferentes tradiciones religiosas. Mientras que algunos lo ven como un registro histórico legítimo al que se hace referencia en la Biblia, otros lo consideran una obra de literatura creativa que refleja los valores y las preocupaciones de su época.

En la cultura popular, el Libro de Jaser ha inspirado innumerables obras de ficción, incluidas novelas, películas y otros medios. Sus dramáticas narraciones de eventos bíblicos se prestan bien a la narración y ofrecen oportunidades para una reinterpretación imaginativa. Los autores de ficción histórica y bíblica se han basado en sus narrativas para crear historias ricas y atractivas que dan vida a personajes antiguos. Por ejemplo, los relatos ampliados de las vidas de Adán, Enoc y José que se encuentran en el Libro de Jaser proporcionan una base para explorar su humanidad y sus luchas con mayor profundidad. Estas adaptaciones suelen enfatizar temas universales como el amor, el sacrificio y la redención, lo que hace que las historias sean accesibles al público moderno.

Los cineastas y productores de televisión también han explorado temas e historias del Libro de Jaser, utilizando sus vívidas descripciones y eventos épicos como telón de fondo para una narración dramática. Los relatos detallados del libro sobre batallas, milagros y juicios divinos ofrecen material que se alinea bien con la narración cinematográfica. Si bien es posible que estas adaptaciones no siempre se ajusten estrictamente al texto original, contribuyen al legado cultural del libro al presentar sus historias a una audiencia más amplia. Esto ha despertado un interés renovado en el libro, lo que ha llevado a los espectadores a explorar más su contenido y reflexionar sobre sus mensajes.

La influencia del Libro de Jaser se extiende a la ficción especulativa y la fantasía, donde sus temas de heroísmo, intervención divina y lucha moral encuentran un hogar natural. Los escritores han utilizado las narrativas del libro como inspiración para crear mundos y personajes que hacen eco de sus historias antiguas. Su descripción de la justicia cósmica y la interacción entre las elecciones humanas y la voluntad divina resuena con temas que se encuentran comúnmente en la literatura fantástica moderna. Estas reinterpretaciones a menudo combinan elementos de mitología, religión y folclore, creando un rico tapiz de narraciones que une lo antiguo y lo contemporáneo.

En los círculos académicos y literarios, el Libro de Jaser ha sido objeto de análisis y discusión sobre sus cualidades literarias y su significado histórico. Los estudiosos han explorado su estructura narrativa, su lenguaje y sus temas, comparándolo con otros textos antiguos como el Libro de Enoc y los Rollos del Mar Muerto. Estos estudios arrojan luz sobre cómo el libro encaja en el contexto más amplio de la literatura antigua y su papel en la configuración del pensamiento cultural y religioso. Estas investigaciones académicas han contribuido a una apreciación más profunda del valor literario e histórico del libro, incluso entre aquellos que no aceptan sus afirmaciones de autenticidad.

El libro también ha influido en expresiones artísticas, incluidas la pintura, la música y la poesía. Sus historias dramáticas y evocadoras proporcionan una fuente de inspiración para los artistas que buscan capturar la esencia de la lucha humana y la gracia divina. Las pinturas que representan escenas del libro, como el sacrificio de Isaac o la división del Mar Rojo, a menudo transmiten una sensación de asombro y asombro, enfatizando los temas de la fe y la redención. De manera similar, compositores y poetas se han basado en sus imágenes y temas para crear obras que exploran las dimensiones espirituales y emocionales de sus narrativas.

En la época contemporánea, el Libro de Jaser ha encontrado un lugar en las discusiones sobre espiritualidad y crecimiento personal. Sus historias de perseverancia, coraje y guía divina a menudo se interpretan como metáforas para superar los desafíos de la vida y encontrar un propósito. Esta perspectiva ha hecho que el libro sea atractivo para personas que buscan inspiración y significado para sus vidas. La literatura de autoayuda y motivación a veces hace referencia a sus temas para ilustrar el poder de la fe y la determinación para lograr las propias metas.

A pesar de su amplia influencia, las interpretaciones del Libro de Jaser varían ampliamente, lo que refleja las diversas formas en que ha sido entendido y adaptado. Algunos lo ven como un documento histórico que proporciona información valiosa sobre el mundo bíblico, mientras que otros lo ven como una obra de narración creativa que enriquece la narrativa bíblica. Esta diversidad de perspectivas resalta la versatilidad del libro y su capacidad para resonar en diferentes audiencias a lo largo del tiempo y las culturas.

El Libro de Jaser ha tenido un profundo impacto tanto en la teología como en la cultura popular, sirviendo de puente entre las tradiciones antiguas y la creatividad moderna. Sus narrativas detalladas y temas morales han inspirado a teólogos, artistas, escritores y cineastas, contribuyendo a un rico legado que continúa evolucionando. Ya sea visto como un texto histórico, una obra literaria o una fuente de inspiración, el Libro de Jaser sigue siendo un poderoso ejemplo de cómo las historias antiguas pueden moldear y enriquecer la comprensión humana.

CAPÍTULO 8

Importancia espiritual en el mundo moderno

Lecciones para los creyentes contemporáneos

El Libro de Jaser ofrece una gran cantidad de lecciones espirituales que continúan resonando entre los creyentes contemporáneos. Sus narrativas, ricas en temas de fe, perseverancia y justicia divina, hablan de luchas humanas eternas y brindan ideas para vivir una vida significativa guiada por principios espirituales.

Una lección importante es el poder de la fe inquebrantable. El libro relata la vida de figuras como Abraham, que confiaron en las promesas divinas incluso ante inmensos desafíos. Los creyentes modernos pueden inspirarse en su ejemplo y encontrar fuerza para soportar las dificultades confiando en un propósito superior. En un mundo lleno de incertidumbre, la fe inquebrantable representada en estas historias sirve como recordatorio de que la esperanza y la confianza pueden ayudar a las personas a superar tiempos difíciles.

Otra lección clave es la importancia de la obediencia a la guía divina. Las historias de Noé construyendo el arca y de Moisés dirigiendo a los israelitas ilustran las bendiciones que se obtienen al seguir un camino de rectitud, incluso cuando parece desafiante o poco claro. Estos ejemplos alientan a los lectores contemporáneos a escuchar la dirección divina en sus propias vidas, fomentando un sentido de propósito y alineación con los valores espirituales. Muestran que la obediencia no se trata de una sumisión ciega sino de reconocer una sabiduría mayor que busca el bienestar de todos.

El tema de la perseverancia emerge de manera prominente en las pruebas que enfrentan los personajes del libro. Desde las luchas de José en Egipto hasta la resistencia de Jacob, estas historias resaltan las recompensas de la paciencia y la resiliencia. Para los creyentes de hoy, estas narrativas ofrecen la seguridad de que soportar las dificultades con fe e integridad puede conducir al crecimiento y, eventualmente, a bendiciones. Enseñan que las luchas no son sólo obstáculos sino oportunidades para el refinamiento espiritual y una conexión más profunda con lo divino.

El Libro de Jaser también enfatiza la importancia de la comunidad y las relaciones. Las historias de dinámicas familiares, como las que existen entre Jacob y sus hijos, revelan las complejidades de las interacciones humanas y la necesidad del perdón y la reconciliación. En los tiempos modernos, donde las relaciones pueden verse tensas por malentendidos y conflictos, estas lecciones alientan a los creyentes a buscar la armonía y priorizar el amor y la compasión en sus interacciones con los demás. Recuerdan a los lectores que el crecimiento espiritual a menudo ocurre en el contexto de la comunidad y las experiencias compartidas.

La justicia divina es otro tema recurrente que conlleva un profundo significado espiritual para los lectores modernos. El libro ilustra cómo las acciones, ya sean buenas o malas, tienen consecuencias. Este tema refuerza la creencia de que la justicia, incluso si se demora, en última instancia prevalecerá. Para los creyentes contemporáneos, sirve como un llamado a vivir éticamente y tomar decisiones que se alineen con los principios de justicia y bondad. También brinda consuelo saber que la injusticia en el mundo no pasa desapercibida para un poder superior.

Las historias del Libro de Jaser frecuentemente resaltan la importancia de la humildad y la confianza en la fuerza divina. Los personajes que muestran arrogancia o confianza en sí mismos a menudo enfrentan circunstancias humillantes, mientras que aquellos que reconocen su dependencia de lo divino se sienten elevados. Esta lección es particularmente relevante en la cultura actual, que a menudo valora la autosuficiencia y el orgullo. Se recuerda a los creyentes que deben afrontar la vida con humildad, reconociendo sus limitaciones y la necesidad de buscar guía y apoyo divinos.

Otro mensaje poderoso es el valor del coraje y de tomar medidas audaces cuando sea necesario. El libro relata momentos en los que las personas dan un paso adelante para enfrentar la injusticia o cumplir una misión divina, incluso asumiendo un gran riesgo personal. Estos ejemplos inspiran a los creyentes a mantenerse firmes en sus convicciones y actuar con valentía ante los desafíos. Muestran que la valentía no es la ausencia de miedo sino la voluntad de seguir adelante a pesar de él, confiando en la protección y el propósito divinos.

Las narrativas también ofrecen lecciones sobre la importancia de la gratitud y el recuerdo. Repetidamente, los personajes expresan agradecimiento por las bendiciones y la liberación divinas. Este enfoque en la gratitud enseña a los lectores modernos a cultivar un espíritu de agradecimiento, reconociendo los dones y la guía que reciben a diario. Alienta a los creyentes a tomarse un tiempo para reflexionar sobre sus bendiciones y expresar su agradecimiento a través de palabras y acciones.

En el contexto de la fe moderna, el Libro de Jaser proporciona una lente a través de la cual ver la interconexión de la voluntad divina y la agencia humana. Muestra que si bien los planes divinos guían el curso de los acontecimientos, los individuos son responsables de tomar decisiones que se alineen con esos planes. Este equilibrio entre la soberanía divina y la responsabilidad humana ofrece un marco para comprender cómo los creyentes pueden participar activamente en sus viajes espirituales mientras confían en un plan mayor.

La descripción que hace el libro de las pruebas y la redención ofrece esperanza a quienes se sienten abrumados por los fracasos personales o las dificultades de la vida. Las historias demuestran que la redención siempre es posible, sin importar cuán terribles sean las circunstancias. Este mensaje resuena profundamente en el mundo actual, donde muchas personas luchan contra sentimientos de indignidad o desesperación. El libro les recuerda que la misericordia divina está siempre presente y que la transformación siempre está a nuestro alcance.

Finalmente, el Libro de Jaser anima a los creyentes a mirar más allá de sus circunstancias inmediatas y considerar su legado. Destaca cómo las acciones y la fe de las personas impactan a las generaciones futuras, enfatizando la importancia de vivir una vida que refleje valores duraderos. Para los lectores modernos, esta perspectiva inspira un sentido de responsabilidad de contribuir positivamente a sus familias, comunidades y al mundo en general.

Las lecciones espirituales del Libro de Jaser son tan relevantes hoy como lo fueron en la antigüedad. Sus historias de fe, obediencia, perseverancia y justicia divina proporcionan una hoja de ruta para afrontar los desafíos de la vida y profundizar la comprensión espiritual. Al aceptar estas lecciones, los creyentes contemporáneos pueden encontrar inspiración para vivir con propósito, integridad y esperanza, fomentando una conexión significativa con lo divino y con los demás.

Redescubriendo la sabiduría antigua: aplicando las enseñanzas de Jaser

Las enseñanzas del Libro de Jaser contienen ideas valiosas que pueden aplicarse a la vida moderna y ofrecen orientación sobre la fe, la perseverancia, la justicia y las relaciones. Estas antiguas lecciones no se limitan al pasado sino que resuenan en situaciones cotidianas que las personas enfrentan en el presente.

La fe, un tema central del libro, enseña la importancia de confiar en un poder superior incluso cuando las circunstancias son inciertas. En la vida moderna, esto puede significar aferrarse a la esperanza en tiempos difíciles, como enfrentar problemas de salud o perder empleos. La fe anima a las personas a mantenerse resilientes y optimistas, sabiendo que las dificultades pueden conducir al crecimiento y a mejores oportunidades. Por ejemplo, alguien que atraviesa una situación financiera difícil podría encontrar fortaleza al creer que sus esfuerzos y perseverancia conducirán a una eventual estabilidad, tal como las figuras del Libro de Jaser perseveraron a pesar de las pruebas.

El concepto de obediencia a los principios morales y a la guía divina es otra conclusión práctica. En la toma de decisiones diaria, esto puede implicar adherirse a valores personales, incluso cuando resulte tentador tomar atajos. Por ejemplo, en el lugar de trabajo, mantener la honestidad y la integridad a veces puede resultar difícil, especialmente cuando la deshonestidad parece ofrecer recompensas más rápidas. Sin embargo, las historias del libro recuerdan a las personas que mantenerse fiel a los principios éticos conduce en última instancia al éxito duradero y a la paz interior.

La perseverancia es una lección poderosa que puede inspirar a las personas a enfrentar los reveses sin perder de vista sus objetivos. El Libro de Jaser frecuentemente destaca personajes que se mantienen firmes a pesar de inmensos desafíos. La vida moderna está llena de obstáculos, desde fracasos personales hasta presiones sociales. Ya sea que se trate de seguir una educación superior, iniciar un negocio o reconstruir después de una pérdida, la perseverancia es clave. Alguien que entrena para un maratón, por ejemplo, puede aprovechar estas enseñanzas para mantenerse motivado durante largas y agotadoras horas de práctica, sabiendo que la dedicación conducirá al logro.

El énfasis en la justicia en el libro subraya la importancia de la equidad y la rendición de cuentas. Esta lección se puede aplicar en situaciones en las que uno debe defender lo que es correcto, como defender causas sociales o resolver conflictos en las relaciones personales. Alienta a las personas a buscar justicia no por venganza, sino para promover la armonía y la justicia. Por ejemplo, un líder comunitario que trabaja para garantizar la igualdad de oportunidades para los grupos marginados encarna el espíritu de justicia divina descrito en el Libro de Jaser.

Las relaciones y la dinámica familiar son otra área donde las enseñanzas del libro son relevantes. Proporciona ejemplos de la importancia de la reconciliación, la comprensión y el perdón. En los tiempos modernos, estas lecciones pueden guiar a las personas a resolver conflictos con sus seres queridos o construir vínculos familiares más fuertes. Un padre que se esfuerza por ser paciente y cariñoso, incluso en momentos difíciles, demuestra la sabiduría relacional que se encuentra en estos textos antiguos.

Las enseñanzas sobre la humildad recuerdan a las personas que no deben permitir que el orgullo dicte sus acciones. En un mundo que a menudo glorifica la autopromoción, el Libro de Jaser fomenta un enfoque más equilibrado, donde la humildad permite a las personas crecer y conectarse con los demás de manera significativa. Por ejemplo, un líder que escucha las sugerencias de su equipo y reconoce las contribuciones de los demás fomenta un ambiente positivo y colaborativo.

La gratitud es otra enseñanza eterna del libro. La vida moderna es acelerada y es fácil pasar por alto las bendiciones que uno recibe a diario. Las historias alientan a las personas a hacer una pausa y reflexionar sobre lo que tienen, fomentando un espíritu de agradecimiento. Las formas prácticas de aplicar esto incluyen llevar un diario de gratitud, expresar regularmente su agradecimiento a los demás o tomarse un tiempo cada día para reflexionar sobre los momentos positivos.

El coraje mostrado por las figuras del Libro de Jaser inspira a las personas modernas a enfrentar sus miedos y dar pasos audaces hacia sus metas. Esto podría significar enfrentarse a la injusticia, iniciar una nueva empresa o perseguir un sueño a pesar de las incertidumbres. Un estudiante que decide estudiar en el extranjero a pesar del miedo a lo desconocido ejemplifica este coraje, confiando en que su decisión le generará crecimiento y oportunidades.

La importancia del legado es otra lección que se traslada bien al mundo actual. El libro enfatiza cómo las acciones influyen en las generaciones futuras, animando a las personas a vivir de una manera que deje un impacto positivo. Esto podría significar ser mentor de otros, ofrecerse como voluntario para proyectos comunitarios o enseñar a los niños valores que moldearán su carácter. Un maestro que inculca el amor por el aprendizaje en sus alumnos contribuye a un legado duradero, del mismo modo que las historias del libro demuestran cómo las elecciones de los individuos afectaron a quienes vinieron después de ellos.

La redención es un tema recurrente que resuena en cualquiera que haya enfrentado reveses o arrepentimientos. El libro enseña que nunca es demasiado tarde para hacer las paces o empezar de nuevo. Las aplicaciones modernas de esta lección incluyen buscar el perdón de aquellos a quienes hemos ofendido o trabajar para cambiar hábitos dañinos. Una persona que supera una adicción, por ejemplo, encarna el espíritu de redención, demostrando que la transformación siempre es posible con esfuerzo y fe.

El equilibrio entre la voluntad divina y la acción humana presentado en el Libro de Jaser ofrece una guía práctica para la vida moderna. Enseña que si bien uno debe confiar en un plan mayor, también debe tomar medidas proactivas para lograr sus objetivos. Este equilibrio se puede ver en situaciones como la preparación de un examen, donde la confianza en las propias capacidades se combina con el estudio y el esfuerzo dedicados.

Las enseñanzas del Libro de Jaser fomentan la atención plena y la reflexión. En un mundo lleno de distracciones, tomarse el tiempo para pensar profundamente sobre las propias acciones, elecciones y viaje espiritual es invaluable. Esto podría implicar reservar momentos para la meditación, la oración o simplemente considerar las implicaciones morales de las decisiones antes de actuar.

En esencia, la sabiduría del Libro de Jaser proporciona lecciones prácticas para llevar una vida plena y con propósito. Al aplicar estas enseñanzas a áreas como la fe, la perseverancia, las relaciones y la justicia, las personas modernas pueden afrontar sus desafíos con mayor claridad, fuerza y compasión. Estos conocimientos antiguos continúan inspirando y guiando, demostrando su relevancia a través de generaciones.

Fortaleciendo la fe a través de los apócrifos

Estudiar textos apócrifos como el Libro de Jaser puede ser una experiencia enriquecedora que profundiza la fe y amplía la comprensión de la historia bíblica. Estos textos ofrecen detalles y perspectivas adicionales que complementan las historias que se encuentran en las escrituras canónicas, ayudando a los lectores a obtener una imagen más completa de los tiempos antiguos y de las personas que los vivieron.

El Libro de Jaser a menudo amplía eventos bíblicos conocidos, proporcionando más contexto o trasfondo a historias familiares. Por ejemplo, podría describir las emociones, pensamientos o desafíos que enfrentaron figuras clave como Abraham, Moisés o Josué. Esta profundidad adicional puede hacer que estos personajes se sientan más identificables, mostrando que incluso las personas más fieles tuvieron luchas y dudas. Para un creyente, darse cuenta de esto puede ser reconfortante e inspirador, reforzando la idea de que la fe es un viaje lleno de aprendizaje y crecimiento.

Estos textos también destacan temas de moralidad, justicia e intervención divina en formas que tal vez no sean tan explícitas en la Biblia. A menudo profundizan en las consecuencias de las acciones humanas, ilustrando cómo las decisiones se alinean con los principios divinos o se desvían de ellos. Al estudiar estas historias, los lectores pueden reflexionar sobre sus propias vidas y ver paralelos que les ayudan a comprender mejor cómo vivir según su fe. Por ejemplo, las lecciones sobre perseverancia o humildad que se encuentran en el

Libro de Jaser pueden alentar a los creyentes a confiar en el tiempo divino y mantener su integridad, incluso en situaciones difíciles.

Otro beneficio de explorar obras apócrifas es que pueden fortalecer el aprecio por la Biblia en su conjunto. Al comparar los temas y narrativas de los apócrifos con los de los textos canónicos, los lectores pueden ver cómo estas obras interactúan, se apoyan o contrastan entre sí. Este proceso fomenta el pensamiento crítico y un compromiso más profundo con las Escrituras, lo que permite a las personas formar una comprensión más matizada de su fe.

El Libro de Jaser también arroja luz sobre las prácticas culturales e históricas de la antigüedad. Puede ayudar a los creyentes modernos a ver la Biblia no sólo como una colección de enseñanzas espirituales sino como una ventana a las vidas de personas que vivieron hace miles de años. Por ejemplo, las descripciones de costumbres, tradiciones y vida diaria pueden dar a los lectores una idea de cómo la fe dio forma a las decisiones e interacciones de las comunidades bíblicas. Comprender estos contextos puede hacer que las enseñanzas de la Biblia parezcan más relevantes y basadas en la realidad.

Además de su valor histórico, el Libro de Jaser a menudo destaca la continuidad del plan de Dios a través de generaciones. Al estudiar las genealogías y narrativas detalladas, los lectores pueden rastrear cómo las promesas hechas a figuras como Noé o Abraham se cumplieron con el tiempo. Esta narrativa general de la fidelidad divina puede inspirar a los creyentes a confiar en que Dios está activo en sus vidas, trabajando tanto en grandes eventos como en pequeños momentos para lograr un propósito mayor.

Los textos apócrifos también fomentan la curiosidad y el deseo de explorar las verdades espirituales más profundamente. Para quienes han crecido con la

Biblia, el Libro de Jaser ofrece nuevas perspectivas que pueden reavivar la pasión por estudiar las Escrituras. Brinda la oportunidad de hacer preguntas, buscar conexiones y profundizar en los misterios de la fe. Este compromiso activo fomenta una relación más fuerte con Dios, ya que se recuerda a los creyentes que la fe no es estática sino un viaje dinámico y en evolución.

Estudiar el Libro de Jaser también puede generar un sentido de comunidad entre los creyentes. Las discusiones sobre sus historias y temas pueden generar conversaciones significativas sobre valores e interpretaciones compartidos. Estos diálogos permiten que las personas aprendan de las ideas y experiencias de los demás, fortaleciendo los vínculos y reforzando la fe colectiva.

Además, el Libro de Jaser aborda temas universales como la redención, el perdón y la resiliencia. Estos temas resuenan en todas las culturas y épocas, recordando a los lectores la naturaleza eterna de las enseñanzas de Dios. Al reflexionar sobre estos principios, los creyentes pueden encontrar orientación y aliento en su vida diaria, sin importar los desafíos que enfrenten.

Para aquellos interesados en la profecía bíblica, el Libro de Jaser puede proporcionar un contexto valioso. A menudo destaca cómo los acontecimientos se alinean con las promesas de Dios, ofreciendo un vistazo al cumplimiento de los planes divinos. Esta perspectiva puede profundizar la confianza en la exactitud y confiabilidad de las profecías bíblicas, reforzando la creencia de que las Escrituras son un testimonio vivo de la obra de Dios en el mundo.

Una de las formas más significativas en que el Libro de Jaser profundiza la fe es enfatizando la relación personal entre Dios y la humanidad. Sus historias frecuentemente describen momentos de interacción divina, ya sea a través de bendiciones, guía o disciplina. Estos relatos sirven como recordatorios de que Dios no está distante sino que participa activamente en las vidas de su pueblo. Para los creyentes modernos, esta comprensión puede traer consuelo y motivación para buscar una conexión más cercana con su Creador.

El estudio de textos apócrifos como el Libro de Jaser enseña la importancia del discernimiento. Como estas obras no forman parte del canon bíblico, los creyentes deben abordarlas con una mente abierta pero crítica. Este proceso de evaluación del contenido y su alineación con las Escrituras fomenta la madurez espiritual y una confianza más profunda en la sabiduría de Dios.

El Libro de Jaser ofrece numerosas oportunidades para enriquecer la fe y la comprensión de la historia bíblica. Sus narrativas detalladas, lecciones morales y conocimientos culturales proporcionan herramientas valiosas para la reflexión y el crecimiento. Al interactuar con este texto antiguo, los creyentes modernos pueden inspirarse, fortalecer su confianza en Dios y obtener una apreciación más profunda de la complejidad y belleza de la historia bíblica.

CONCLUSIÓN

Reflexionando sobre el legado del libro de Jaser: su lugar en la fe y la historia

El Libro de Jaser ocupa un lugar único en el ámbito de los escritos antiguos, combinando elementos históricos, teológicos y espirituales en una obra que continúa inspirando curiosidad y reflexión. Su legado perdurable tiene sus raíces en su capacidad de proporcionar relatos detallados de eventos bíblicos al tiempo que amplía narrativas familiares. Al llenar vacíos y ofrecer perspectivas adicionales, ha contribuido a una comprensión más rica del mundo antiguo y de la vida de los personajes bíblicos.

Históricamente, el Libro de Jaser ofrece una visión de las costumbres, valores y creencias de las sociedades primitivas. Presenta una cronología de eventos que se alinea con la historia bíblica, agregando profundidad a historias conocidas como las vidas de Noé, Abraham y Moisés. Esta visión histórica ayuda a los lectores a conectarse con el pasado, fomentando un sentido de continuidad y herencia compartida. También subraya la universalidad de las luchas y los triunfos humanos, mostrando cómo los desafíos que enfrentaron los pueblos antiguos reflejan los de los tiempos modernos.

Teológicamente, el Libro de Jaser refuerza temas centrales de fe, obediencia, justicia divina y redención. Sus narrativas a menudo resaltan las consecuencias de las decisiones morales, ilustrando cómo los individuos y las comunidades son moldeados por sus acciones. Estas lecciones se alinean con las enseñanzas de la Biblia y brindan contexto adicional para comprender los principios de Dios. Al enfatizar el papel activo de Dios al guiar y corregir a la humanidad, el texto anima a los lectores a reflexionar sobre su propia relación con lo divino y esforzarse por vivir en alineación con los valores espirituales.

Espiritualmente, el Libro de Jaser tiene un profundo impacto en quienes buscan profundizar su fe. Su vívida narración da vida a los personajes bíblicos, haciendo que sus experiencias sean identificables y sus lecciones aplicables a los desafíos contemporáneos. Los temas de perseverancia, humildad y confianza en Dios resuenan a través de generaciones, ofreciendo aliento y guía a los creyentes que atraviesan sus propios viajes. Al interactuar con estas historias, los lectores recuerdan la importancia de buscar la sabiduría, practicar la paciencia y mantener la esperanza, incluso frente a la adversidad.

Para las generaciones futuras, el Libro de Jaser tiene el potencial de inspirar nuevas exploraciones de la fe y la historia. Su rico contenido invita al estudio y la interpretación continuos, animando a los lectores a hacer preguntas y buscar una comprensión más profunda. A medida que el interés por los textos antiguos sigue creciendo, el Libro de Jaser puede servir como puente entre el pasado y el presente, fomentando una mayor apreciación de la complejidad de las narrativas bíblicas y su relevancia para la vida moderna.

El Libro de Jaser también subraya el valor de preservar y estudiar los escritos antiguos. Destaca la interconexión de culturas y tradiciones, recordando a los lectores la búsqueda humana compartida de significado y propósito. Al interactuar con este texto, los futuros lectores podrán desarrollar un respeto más profundo por la sabiduría del pasado y sus lecciones perdurables.

El legado del Libro de Jaser reside en su capacidad para enriquecer nuestra comprensión de la fe, la historia y la humanidad. Sirve como testimonio del poder duradero de la narración y su capacidad para inspirar, enseñar y conectar a las personas a través del tiempo. A través de sus relatos históricos, conocimientos teológicos y guía espiritual, el Libro de Jaser continúa ocupando un lugar importante en el estudio de la literatura sagrada y ofrece lecciones valiosas para las generaciones venideras.